Ein besseres Betriebsklima ist machbar?

Ein Ratgeber für Führungskräfte und Chefs mit über
50 Tipps und Checklisten zum Betriebsklima
Mit 52 Bildern (Quellen: Pixabay oder privat)

Autor: Dr. Joachim von Hein – Bochum
Der Verfasser befindet sich im Un-Ruhestand und war
freiberuflicher Dozent, Fachautor, Ghostwriter, PR-Berater,
Texter und Hochschullehrer. Dozent und Berater für
Öffentlichkeitsarbeit, Kommunikation und
Ausbildereignung.
info@jvhein.de
www.Starterboerse.de

Im weiteren Text wird wegen der besseren Verständlichkeit
die männliche Ausdrucksweise verwendet. Die weibliche
Seite ist jeweils mit angesprochen.

Der Verfasser dieses Ratgebers hat sich bemüht, nicht in wissenschaftlicher Sprache zu schreiben. Er hat so formuliert, dass alle Leser den Text verstehen und anwenden können. Er lädt alle Leserinnen und Leser ein, ihm bei speziellen Fragen eine Mail zu schreiben.

1. Vorwort

Im Alltag müssen viele UnternehmerInnen feststellen, dass sie zwar im Umgang mit fachlichen Fragen durch Ausbildung oder Studium gut vorbereitet sind, nicht aber auf den Umgang mit den Mitarbeiterinnen und Mitarbeitern. Aber in der Praxis zeigt sich, dass die Mitarbeiterführung zu einem ihrer wichtigsten Themen im beruflichen Alltag wird. Plötzlich tauchen hier viele Probleme auf, die im Lehrbuch nie vorkamen.

Leider gibt es zu Fragen der Mitarbeiterführung wenige Ratgeber, die man einfach fragen könnte, wie bei wirtschaftlichen Fragen den Steuerberater oder bei Rechtsproblemen den Rechtsanwalt, denn im Falle von Personalangelegenheiten liegt jede Branche und jeder Spezialfall anders. Auch die Verbände oder Kammern können nur selten praktische Personalberatungen durchführen. Nur in Ausnahmefällen lässt sich im Falle von Personalproblemen eine Antwort geben, die für alle Situationen passt.

Der vorliegende Ratgeber will hier Licht ins „Dunkel" bringen. Es soll der Versuch gewagt werden, viele Unklarheiten bei der Führung von Mitarbeiterinnen und Mitarbeitern anzusprechen und damit zugleich dazu beizutragen, den Unternehmerinnen und Unternehmern mehr Sicherheit im Umgang mit den Beschäftigten zu geben. Zugleich kann damit das Betriebsklima nachhaltig verbessert werden.

Nach dem Lehrbuch für Betriebswirte des Handwerks "Führungswissen für kleine und mittlere Unternehmen - Personalführung", von Grimm/Vollmer, S. 120 wird beschrieben, dass "unter den Ursachen, die in den letzten Jahren Konkurse von Betrieben in der Bundesrepublik bewirkten, (...) die fehlerhafte Personalführung an erster Stelle" stehe. Außerdem sei der Weggang von wichtigen Mitarbeitern, nach dem Ausfall eines wichtigen Kunden, der zweitschlimmste Störfall, der in einem Unternehmen auftreten könne.

Der vorliegende Ratgeber hilft, derartige Gefahren rechtzeitig zu erkennen und abzuwenden. Den Unternehmen bleiben viele unangenehme Konsequenzen erspart.

In fast allen folgenden Kapiteln werden die Themen mit praktischen Beispielen oder Checklisten aus der Praxis erläutert. Alle Beispiele, Vorlagen und Exkurse sind mit einer jeweils nur einmal vergebenen dreistelligen Nummer überschrieben, so dass sie mit Hilfe einer Suchroutine direkt angewählt werden können.

Die Beispiele hat der Verfasser selbst mehr oder weniger unmittelbar erlebt. Sie sind in seine verschiedenen Ratgeber zur unmittelbaren Umsetzung in die praktische Arbeit des Personalmarketings eingeflossen (siehe Amazon). Aus seinen Seminaren an der Hochschule und in der Handwerkskammer weiß er, dass diese Beispielfälle meistens besser im Gedächtnis haften bleiben, als die Theorie – und meistens auch wichtiger sind.

2. Die Erwartungen an neue Mitarbeiter

Beispiel 002: Plötzlicher Mitarbeitermangel
Das Telefon klingelt. Ein Auftraggeber aus einem Großunternehmen ist am Hörer. Der Betrieb habe bei der Ausschreibung den Zuschlag erhalten. Schon nächste Woche sollen die Arbeiten losgehen. Mit einem leicht zweifelnden Tonfall fragt der Anrufer, ob er sich darauf verlassen könne, dass in der kommenden Woche angefangen werde.

Natürlich versichert der Unternehmer an dieser Stelle, dass er diesen Auftrag sehr ernst nehme und zur allgemeinen Zufriedenheit abwickeln werde. Man könne sich in dem Großunternehmen auf ihn verlassen. Innerlich aber bricht unserem überraschten Unternehmer der Schweiß aus: Er hat ja gar nicht mehr mit diesem Auftrag gerechnet und deshalb viele andere Arbeiten übernommen. Eigentlich ist er ausgebucht, aber das große Unternehmen darf er auf gar keinen Fall verärgern, "denn da hängen vielleicht noch ganz andere Aufträge dran."

In dieser Situation ist guter Rat teuer: Geeignete Arbeitskräfte sind schwer zu finden und nur langwierig einzuarbeiten. Andere Firmen mit an dem Auftrag zu beteiligen, scheint dem Unternehmer nicht ratsam. Also muss er wieder einmal improvisieren. Wahrscheinlich werden seine Mitarbeiter ganz schön sauer sein, wenn sie schon wieder am Wochenende arbeiten müssen. Sie fragen sich, warum der Chef nicht noch zwei Mitarbeiter einstellt, die beim Arbeitsamt als Stellungssuchende gemeldet sind, wie sie aus ihrem Bekanntenkreis wissen.

Leider sind aber nicht alle Menschen, die sich bei der Arbeitsagentur gemeldet haben und finanziell unterstütz werden, tatsächlich einsetzbar. Die Arbeitsagentur geht laut einer internen Statistik davon aus, dass in Wirklichkeit 80% der Gemeldeten aus den verschiedensten Gründen nicht vermittelbar sind!

Deshalb klagen viele Unternehmer darüber, dass es nicht genügend qualifizierte Mitarbeiter gäbe. Häufig müsse unter großer Eile oder Anstrengung gearbeitet werden, weil die vorhandenen Mitarbeiter überfordert oder überlastet seien. Es wird dann übereilt eine Lösung gesucht, indem schnell ein neuer Mitarbeiter eingestellt wird, der sich aber in vielen Fällen auf die Dauer als ungeeignet erweist.

Dabei wäre es gerade für ein kleines oder mittleres Unternehmen besonders wichtig, nur diejenigen Mitarbeiter einzustellen, die wirklich fachlich und persönlich zur Firma passen und die in sie gesteckten (hohen) Erwartungen erfüllen.

Trotz Personalknappheit – oder vielmehr gerade deswegen – wäre eine sorgfältige Mitarbeiterplanung im Rahmen der betrieblichen Managementaufgaben und ein modernes Motivationsmarketing dringend erforderlich.

3. Die Folgen des Fachkräftemangels

Der besondere Personalmangel entsteht, weil gut ausgebildete und erfahrene Mitarbeiter zum einen selten zu finden sind, da sie in der Regel alle in Lohn und Brot stehen. Zum anderen sind sie insbesondere durch die Lohnnebenkosten relativ teuer. Der Unternehmer wird daher in der Regel versuchen, solange wie möglich mit den bisherigen Mitarbeitern die Arbeit zu schaffen. In unserem Beispiel unten wird gezeigt, was passieren kann, wenn ein Unternehmer zu lange damit wartet, bis er eine Stellenanzeige in den Medien schaltet.

Beispiel 003: Abwanderung
Bei einem Reparaturbetrieb für Büromaschinen war im Laufe der Zeit so viel Arbeit angefallen, dass das bestehende Mitarbeiterteam von zwei Meistern und drei Mitarbeitern die Arbeit nur mit Mühe bewältigen konnten. Es mussten viele Überstunden gemacht werden. Die Mitarbeiter baten darum, dass zusätzliche Mitarbeiter eingestellt werden sollten. Der Inhaber des Geschäftes aber misstraute der Konjunkturlage. Er wollte keine Neueinstellungen vornehmen und glaubte, dass es sich nur um eine vorübergehende Engpass-Situation handeln würde, die die Mitarbeiter schon verkraften würden.

Bei den Mitarbeitern aber entstand ein ganz anderer Eindruck, denn sie beobachteten, dass in der Kreisstadt, in der sie tätig waren, ein wachsender Bedarf zur Wartung von Bürogeräten entstanden war. Also beschlossen die beiden Meister und einer der Mitarbeiter, sich von ihrem bisherigen Arbeitgeber zu trennen, um ein eigenes Bürobedarfsgeschäft aufzumachen. Sie rechneten sich aus, dass der Markt für ihr neues Unternehmen genügend Auftragsvolumen bieten würde.

Als der bisherige Chef mit dieser Schlussfolgerung konfrontiert wurde und ihm seine drei wichtigsten Mitarbeiter plötzlich ihre Kündigungen überreichten, brach für ihn eine Welt zusammen. Er befürchtete, sein Geschäft nicht weiter aufrechterhalten zu können. Außerdem war es für ihn völlig unmöglich, in kurzer Zeit in der Kreisstadt fachlich gut ausgebildete Ersatzarbeitskräfte zu bekommen.

Am Ende der weiteren Entwicklung musste das alte Geschäft zwar erheblich verkleinert und umstrukturiert werden, aber die Entwicklung hat gezeigt, dass für beide Unternehmen genügend Nachfrage vorhanden war, da sich beide auf unterschiedliche Firmenvertretungen und Reparaturarbeiten spezialisierten.

Dieses Beispiel zeigt zugleich, wohin eine aus übergroßem Pessimismus geborene Sparsamkeit am falschen Platze führen kann. Es ist gerade ein Kennzeichen eines erfolgreichen Unternehmers, nötige Korrekturen und Ergänzungsinvestitionen beherzt vorzunehmen und sie nicht zu „unterlassen".

Zugleich zeigt sich an diesem Beispiel, welche fatalen Folgen es haben kann, wenn sich der Arbeitgeber über die Erwartungen und Hoffnungen seiner Mitarbeiter so gründlich täuscht und sich ein völlig falsches Bild von den Gedanken seiner Beschäftigten macht.

4. Sorgfältige Planung vermeidet Fehler

Wenn der Unternehmer aus unserem Beispiel einen neuen
Mitarbeiter einstellen wollte, müsste er sorgfältig überlegen,
was er von ihnen erwarten kann und was nicht. Er muss
sich beispielsweise fragen, ob bedingungslose Treue und
Unterordnung wirklich die optimale Verhaltensweise wäre.
In der geschilderten Situation wäre es beispielsweise
psychologisch falsch gewesen, wenn er sich "Anti-Typen"
zu denjenigen Mitarbeitern ausgewählt hätte, die ihn
"treulos" verlassen hatten. Die Wahrscheinlichkeit wäre
groß, dass dann auch die übrigen Mitarbeiter gehen würden.

Er müsste sehr sorgfältig überlegen, was der "Neue" sowohl
in fachlicher als auch in menschlicher Hinsicht alles
mitbringen sollte, um optimal im Unternehmen
eingegliedert werden zu können. Nur dann kann auf Dauer
der richtige Mensch an die richtige Aufgabe gestellt werden,
wenn vorher ganz genau, möglichst in schriftlicher Form
(zum Beispiel in einer Stellenbeschreibung), festgelegt
wurde, was der neue Mitarbeiter für Voraussetzungen
erfüllen soll.

Diese sorgfältige Klärung der Erwartungen ist in der mittelständischen Wirtschaft noch wichtiger als in der Großindustrie, denn dort gibt es leichter die Möglichkeit, Mitarbeiter an einen anderen Arbeitsplatz innerhalb des Unternehmens zu versetzen, um sie dort ihren Neigungen und Talenten entsprechend einzusetzen.

Beispiel 004: Reserve aus anderen Betrieben
Mehrere Baubetriebe hatten sich zu einer losen Kooperation verbunden und tauschten untereinander bei gemeinsamen Treffen, so genannten ERFA-Kreisen, ihre Erfahrungen aus. Durch die längere Zusammenarbeit gewannen sie immer mehr Vertrauen zueinander. Schließlich waren sie auch bereit, sich gelegentlich untereinander mit Beschäftigten auszuhelfen.

Wenn es also einmal in einem Betrieb zu einem Personalengpass gekommen war, rief der Inhaber bei seinen Kollegen aus der ERFA-Gruppe an und fragte, ob ihm ein Mitarbeiter für einen begrenzten Zeitraum ausgeliehen werden könnte.

Ein gemeinsam beauftragter Fachanwalt für Arbeitsrecht hatte zu diesem Zweck einen Vertrag aufgesetzt, wie ein solcher „Mitarbeitertausch" rechtlich einwandfrei durchgeführt werden konnte. Alle Mitglieder der Gruppe hatten davon erhebliche Vorteile. Sie konnten die Auslastung ihrer Mitarbeitenden dadurch viel besser steuern.

In Kleinbetrieben werden solche Möglichkeiten der langfristigen Personalplanung oft viel zu wenig genutzt. Die meisten Arbeitgeber in Deutschland sind kleine und mittelständische Unternehmen (KMU), die entscheidend auf die fachlich fähige und menschlich angenehme Zusammenarbeit mit den im Betrieb tätigen Menschen angewiesen sind. Sie können es sich daher nicht leisten, einen ungeeigneten, fachlich unzureichend vorbereiteten und menschlich zudem unsympathischen Mitarbeiter auszuwählen.

Doch gerade dieser Fehler wird allzu häufig gemacht: In unserem Beispielfall im vorangegangenen Kapitel (Büromaschinen) hatte sich der Unternehmer vorschnell ein paar Mitarbeiter von der Arbeitsagentur besorgt, ohne sie gründlich unter die Lupe zu nehmen. Die Folge war leider, dass diese Mitarbeiter erstens nur sehr wenig spezielles Fachwissen mitbrachten und leider auch nicht sonderlich motiviert waren. Insgesamt gesehen verursachten sie viele zusätzliche Scherereien. Die Arbeit kam kaum besser voran.

5. Gute Einarbeitung ist unumgänglich

Die Problematik wird noch dadurch verschärft, dass es oft keine richtige Einarbeitung gibt. Wegen des erheblichen Kostenrisikos von Personaleinstellungen warten die meisten Unternehmer bis es gar nicht mehr anders geht, als neue Mitarbeiter einzustellen. Das heißt, in der Praxis bleibt kaum Zeit für die fachliche Eingewöhnung. Der "Neue" muss sofort voll mitarbeiten. Er hat keinerlei Schonfrist, denn er wird dringend gebraucht.

Die Folge ist, dass der "Neue" - wenn überhaupt, nur unsystematisch und "zwischendurch" eingewiesen wird. Dabei werden ihm viele Zusammenhänge nur oberflächlich erklärt. Er muss sich Vieles selbst zusammenreimen, Informationen sammeln, nachfragen.

Erschwerend kommt hinzu, dass die bisherigen Mitarbeiter diese Zusammenhänge und Zuständigkeiten im Betrieb seit vielen Jahren kennen. Sie können (und wollen!) es sich gar nicht vorstellen, dass es auch anders (eventuell besser?) organisierbar wäre. Deswegen ist ihnen vielfach gar nicht bewusst, was sie da mit großer Selbstverständlichkeit seit langen Jahren tun, ohne jemals darüber nachgedacht zu haben.

Beispiel 005: Lernen vom Lehrling
In einem Kleinbetrieb mit vielen älteren Mitarbeitern wurden viele Vorgänge noch nach alter, teilweise umständlicher Art ausgeführt. Als dann ein gerade fertig ausgebildeter Lehrling aus einem anderen Betrieb übernommen wurde, war das Misstrauen der Mitarbeiter sehr groß. Sie trauten dem jungen Mann nicht viel zu.

Bei einer schwierigen Reparaturarbeit hatte der Lehrling eine originelle Idee, die nach einigem Hin und Her auch umgesetzt wurde. Sie erwies sich als äußerst nützlich und zeitsparend. Die älteren Mitarbeiter mussten anerkennen, dass es auch seine Vorteile hatte, einmal frisch ausgebildete, jungen Menschen im Betrieb aufzunehmen.

6. Klärung von kommunikativen Erwartungen

Entscheidend ist, dass sich die Arbeitgeber vorher die Frage beantworten, was für neue Mitarbeiter sie suchen, damit sie in die Stellenanzeigen die richtigen Anforderungen aufnehmen und im Vorstellungsgespräch die richtigen Fragen stellen. In dem oben beschriebenen Fall also den Grad der Selbständigkeit und Entscheidungsfreude sowie der Kommunikationsfähigkeit bei den Bewerbern abzuklären.

Beispiel 006: Introvertierte Mitarbeiter
Viele Fehlbesetzungen entstehen insbesondere dann, wenn "der Neue" nicht nur in der eigenen Werkstatt eingesetzt wird, sondern auch im Haushalt bei den Kunden oder in einer Montagegruppe außerhalb der eigenen Werkstatt. Hier kann es passieren, dass ein Chef sich von den guten handwerklichen Leistungen eines Bewerbers beeindrucken lässt. Er übersieht dabei leicht, dass dieser sich von seinen psychologischen Voraussetzungen her nur schwer in die bestehende Mitarbeitergruppe einfügen wird. Als in sich gekehrter Mensch löst er Irritationen bei den Unternehmerkunden aus, weil er sich zum Beispiel zu wortkarg gibt oder nur "muffelig" und widerwillig auf Fragen antwortet.

Ein introvertierter Mitarbeiter wäre dagegen optimal eingesetzt, wenn es sich um Büro- oder Werkstattarbeit ohne Außenkontakt handelt, wo er still und auf seine Arbeit konzentriert, fleißig eines nach dem anderen erledigen kann. Im Zusammenwirken mit den Kollegen ist es aber notwendig, auf deren Fragen und Vorschläge kommunikativ einzugehen. Ebenso muss er höflich und aufmerksam auf Fragen oder Kritik der Kunden reagieren.

Im umgekehrten Fall werden Mitarbeiter, die eher kommunikativ veranlagt sind, an einem Arbeitsplatz "versauern" und unglücklich werden, wo sie ganz allein arbeiten müssen und nur wenig Kontakt mit anderen Menschen haben. Für solche Mitarbeitertypen ist es wichtig, dass sie über ihre Arbeit sprechen können. Sie brauchen andere Kollegen, um sich mit ihnen auszutauschen.

Fehlt ihnen diese Kommunikationsmöglichkeit, dann werden solche extrovertierten Mitarbeitertypen bei der Erledigung ihrer fachlichen Arbeit Schwierigkeiten bekommen. Es werden sich Fehler einstellen, die bei der Zusammenarbeit in einer Gruppe nicht aufgetreten wären.

7. Mitarbeiter müssen "passen"

Viele Unternehmer meinen nun, sie könnten den neuen Mitarbeitern die richtige Einstellung und Arbeitshaltung schon beibringen. Aber hierbei muss sich der neue Arbeitgeber fragen, ob er so viel Zeit und Einsatz aufwenden will und kann, um die neuen Mitarbeiter geduldig anzuleiten und einzuarbeiten. Außerdem muss er sie bei ihrer neuen Arbeit, bei den Kollegen und bei den Kunden einzuführen sowie die gewünschten Verhaltensweisen einüben.

In den meisten Fällen wird er hierbei auf die Hilfsbereitschaft seiner Mitarbeiter angewiesen sein. Die verlieren aber möglicherweise bald die Geduld, wenn sie merken, dass der "Neue" nur wenig Kooperationsbereitschaft zeigt oder mit seinem ungeselligen Verhalten das bestehende, gutgelaunte Arbeitsklima stört.

Am Allergefährlichsten wäre es aber, wenn das unangepasste Verhalten bei den Kunden zu vermehrten Reklamationen und Beschwerden führt. Der neue Mitarbeiter hat vielleicht gar keinen Fehler gemacht, aber auf Fragen hat er nur brummig oder ausweichend geantwortet. Dies wiederum veranlasst die Kunden dem Mitarbeiter genau auf die Finger zu schauen – und wer sucht, der findet bekanntlich auch Fehler!

Hinzu kommt, der „Neue" bemerkt, dass er aufmerksam beobachtet wird. Das wiederum versetzt den weniger kooperationsfreudigen Mitarbeiter in eine Art "Prüfungs-Stress". Er fühlt sich kontrolliert, versucht krampfhaft Fehler zu vermeiden. Andererseits verursacht er sie prompt, weil er seine gewohnte Lockerheit und Sicherheit bei der Arbeit verloren hat.

Nur wenige Menschen sind dazu in der Lage, unter Lampenfieber und besonderer Beobachtung bessere Arbeitsleistungen abzuliefern als unter normalen, entspannten Arbeitsbedingungen. Insbesondere der mehr in sich gekehrte, verschlossene Mitarbeitertyp wird mit solchen Spannungen seine Mühe haben.

Beispiel 007: Überschätzter Mitarbeiter
In einem Betrieb wurde ein Mitarbeiter eingestellt, der aus seinem Ausbildungsjahrgang als zweiter Bundessieger hervorgegangen war. Inhaber und Mitarbeiter waren zunächst beeindruckt von dem hohen handwerklichen Geschick des "Neuen", mussten dann aber im Laufe der Zeit feststellen, dass ihm seine Auszeichnungen und Erfolge etwas zu Kopfe gestiegen waren. Er verhielt sich gegenüber den Kollegen sehr überheblich.

Erschwerend kam hinzu, dass er bei Montagearbeiten bei den Kunden sehr rechthaberisch auftrat. Trotz seines hohen fachlichen Könnens verursachte er viele Beschwerden und Reklamationen. Schließlich musste der Arbeitgeber ihm die Kündigung aussprechen, da er keine Möglichkeit hatte, ihn ausschließlich in der Werkstatt einzusetzen. Insgesamt ist dem Unternehmer diese Fehlbesetzung teuer zu stehen gekommen, da er nicht nur einen talentierten Mitarbeiter, sondern auch gute Kunden verlor!

8. Persönliche Stärken - wichtiger als fachliche!

Zusammenfassend ist festzustellen, dass bei den neuen Mitarbeitern nicht nur die fachliche Qualifikation, sondern auch deren Fähigkeiten zur Kommunikation berücksichtigt werden muss, damit sie sich baldmöglichst in das Mitarbeiterteam des Unternehmens und – ganz entscheidend – in die jeweilige spezifische Kundenstruktur integrieren.

Alle Erfahrungen zeigen, dass es hierbei leichter ist, fachliche Defizite durch Nachschulung oder den Besuch von Fachseminaren auszugleichen, als dass es gelingen könnte, an der kommunikativen Grundeinstellung eines Menschen etwas zu verändern. Arbeitgeber sollten sich möglichst für Bewerber entscheiden, die neben ihrer fachlichen Qualifikation auch persönlich zum Betrieb sowie zu dessen Mitarbeitern und Kunden passen.

Beispiel 008: Sympathischer Neuling
In einem modernen Betrieb wurde ein neuer Mitarbeiter gesucht, der Erfahrungen mit speziellen Techniken mitbringen sollte. Auf die entsprechende Zeitungsanzeige hin stellten sich mehrere Bewerber vor, die aber nur zum Teil die geforderten Kenntnisse mitbrachten.

Der Inhaber fasste bei einem Vorstellungsgespräch sehr schnell Zutrauen und Sympathie zu einem jungen Mann, der von allen Bewerbern eigentlich die fachlich schlechtesten Voraussetzungen mitbrachte, da er aus einer sehr kleinen Werkstatt kam, die sich mit dem neuen Thema noch wenig beschäftigt hatte. Gleich zu Beginn des Gespräches war aber ein Sympathiefunke übergesprungen. Der junge Mann zeigte sich bereit, sich in die neue Materie einzuarbeiten. Er wollte dafür ein paar Tage privaten Urlaub einsetzen, um sich intensiv auf seine neuen Aufgaben vorzubereiten.

Diese Rechnung ist später hervorragend aufgegangen, denn der junge Mensch erwies sich als hochmotiviert, lernte schnell, sich einzuarbeiten. Er beherrschte die Materie teilweise besser und sicherer, als viele, die sich schon seit Jahren damit beschäftigt hatten.

Auch sein Verhalten zu den Kollegen in dem mittelständischen Unternehmen war sehr positiv. Er konnte schnell bei ihnen sowie bei den Kunden des Unternehmens Vertrauen aufbauen. Der Unternehmer hat es in diesem Fall nie bereut, ausgerechnet denjenigen als Fachmann eingestellt zu haben, der die wenigsten Vorkenntnis mitbrachte, ihm aber am sympathischsten war!

9. Gesammelte Erfahrungen sind wertvoll

Die Lebensläufe vieler Mitarbeiter verlaufen nicht immer gradlinig. Häufig gibt es Irrwege oder beispielsweise gescheiterte Versuche, ein Studium durchzustehen. Das ist eben nicht jedermanns Sache. Gerade solche Umwege im Lebenslauf machen manchmal einen neuen Mitarbeiter besonders wertvoll, weil er gelernt hat „über den Tellerrand" zu schauen. Solche Lebenserfahrungen stehen in keinem Lehrbuch, sind aber manchmal sehr alltagstauglich.

Beispiel 009: Auslandserfahrung
In einem Baubetrieb stellte sich ein Mitarbeiter vor, der mehrere Jahre lang in den USA als Bauarbeiter gearbeitet hatte. Bei genauer Durchsicht seiner Unterlagen stellte sich heraus, dass er in dieser Zeit nicht nur auf Baustellen tätig gewesen war, sondern auch in der Gastronomie gekellnert hatte und einmal bei einem Jahrmarkt-Unternehmen beschäftigt gewesen war.

Der Inhaber ließ sich aber von diesem etwas abenteuerlichen Lebensweg nicht abschrecken, sondern nahm den jungen Mann, der ihm sehr sympathisch war, unter Vertrag. Wie sich später herausstellte war dies eine richtige Entscheidung, denn in mehreren schwierigen Reklamationsfällen erwies sich gerade dieser Mitarbeiter als besonders kreativ und ideenreich. Mit seiner Geschicklichkeit, aber auch mit seiner Kommunikationsfähigkeit konnte er selbst schwierige Kunden beruhigen und Beschwerden abwenden.

Die Kunst des guten Personalmarketings besteht also darin, nicht nur die fachlich, sondern auch die psychologisch geeignetsten Mitarbeiter an die richtige Stelle zu setzen – und diese Motivation auch dauerhaft zu erhalten.

10. Kreativität durch neue Mitarbeiter

Manche Unternehmer gehen so weit, dass sie regelmäßig neue Mitarbeiter in ihr Team aufnehmen, um das kreative Innovationspotential zu erhöhen. Sie möchten sich dadurch einem wiederholten Erneuerungsprozess aussetzen.

Hiermit ist aber zugleich der Nachteil verbunden, dass sich ein gutes Betriebsklima nur mühsam entwickeln wird, da die Mitarbeiterfluktuation immer wieder erneute Kraftanstrengungen zur Integration der neuen Mitarbeiter erforderlich macht.

Der "Neue" muss zwar nicht jedes Mal neu ausgebildet werden, aber es gibt doch eine Vielzahl von Dingen, die er nicht wissen kann. Sie müssen ihm erklärt und begründet werden. Besonders undankbar ist dieser Krafteinsatz, wenn es sich nach einem halben Jahr Probezeit herausstellt, dass alle Eingliederungsbemühungen vergeblich aufgewendet wurden, weil der Neuling das Haus wieder verlassen muss.

Eine andere Abart dieser Problematik kann entstehen, wenn sich herausstellt, dass der Neue besonders talentiert ist. Manchmal kann er durch besonders geschickte Arbeitsweisen zeigen, wie viele Vorgänge ohne Qualitätseinbußen schneller erledigt werden können. Hier wäre es eigentlich nur fair, dem Mitarbeiter Achtung und Anerkennung zu zollen. Stattdessen blicken manche alteingesessenen Kollegen mit Neid und Argwohn auf die ungewohnte Arbeitsweise. Manche von ihnen fürchten um ihre Stellung im Betrieb – oder sogar um ihren Arbeitsplatz.

Auch wenn diese Furcht unbegründet ist, wird der neue Mitarbeiter doch mit mancherlei Hindernissen und Erschwernissen von Seiten der Kollegen rechnen müssen, die ihn entweder einschüchtern und mundtot machen oder sogar vergraulen. Manchmal wird er in seiner Arbeitsleistung beeinträchtigt sein. Er kann daher das vom Inhaber – eigentlich gewünschte – kreative Potential nicht zur vollen Entfaltung bringen.

Es gibt aber auch den umgekehrten Fall, dass der "Neue" sich nicht in den Betrieb integrieren kann oder will. Von solchen unpassenden Mitarbeitern sollte sich der Chef noch in der Probezeit trennen, bevor das Betriebsklima Schaden nimmt. Der „eine faule Apfel kann den ganzen Korb verderben".

Beispiel 010: Egoistischer Verkäufer
Für die Beratung von Kunden in seiner Ausstellung hatte ein Unternehmer einen fachlich gut ausgebildeten und mit Verkaufstalent gesegneten Mitarbeiter eingestellt, der sehr schnell die in ihn gesetzten Hoffnungen zu erfüllen versprach.

Leider verhielt sich der "Neue" aber gegenüber den bisherigen Mitarbeitern sehr unkollegial. Er gab Informationen nicht richtig weiter und ließ sich von keinem Menschen im Betrieb etwas sagen. Schließlich bekam er den Spitznamen "der Graf" und wurde zunehmend isoliert.

Obwohl er beachtliche Umsatzerfolge erzielen konnte, sah sich die Unternehmensleitung doch gezwungen, ihm die Kündigung nahezulegen, da er das Betriebsklima insgesamt sehr belastete. Es bestand die Gefahr, dass andere wichtige Mitarbeiter des Betriebes seinetwegen kündigen würden. Nachdem er von sich aus in einen anderen Betrieb gewechselt hatte, "verfreundlichte" sich das Betriebsklima bald wieder. Es gelang den übrigen Mitarbeitern, ihre Leistung zu steigern, so dass die ausgefallenen Umsätze des ausgeschiedenen Mitarbeiters fast vollständig aufgefangen werden konnten.

Im Übrigen stellte sich nach seinem Fortgang heraus, dass auch viele Kunden Probleme mit dem überheblichen Verhalten des Fachberaters gehabt hatten. Sie deuteten nach seinem Fortgang an, dass der „hochnäsige Mitarbeiter nicht zu dem Unternehmen gepasst hätte".

11. „Subjektiver Faktor" bei der Personalauswahl

Einem Großteil solcher Schwierigkeiten könnte aus dem Wege gegangen werden, wenn es möglich wäre, die bisherigen Mitarbeiter in die Personal-Auswahlentscheidung miteinzubeziehen. Dies ist allerdings nur selten möglich, da die hinzugezogenen Mitarbeiter nur in Ausnahmefällen leistungsorientiert entscheiden. Sie lassen sich vielmehr von Kriterien leiten, die zwar in ihrem kurzfristigen Eigeninteresse sein mögen, letztendlich ihrem Betrieb und sich selbst Schaden zufügen oder aber schlicht sachfremd sind.

Beispielsweise kann es vorkommen, dass jemand aus dem Freundeskreis gefördert wird, der für das Unternehmen gar keinen Vorteil bietet. Auf diese Weise können wichtige Personalentscheidungen "verkumpelt" werden. Den Schaden haben die Mitarbeiter mitzutragen, weil sich die schlechte Mitarbeit des ”Neuen” negativ auf das Betriebsergebnis auswirkt.

Aber auch der Inhaber selbst unterliegt solchen subjektiven Einflussfaktoren, wie das folgende Beispiel zeigt.

Beispiel 011: Der Schulfreund
Ein Betriebsinhaber bot einem Schulfreund, mit dem er lange Jahre befreundet war, eine Führungsposition in seinem Unternehmen an. Bei einem etwas intensiver geführten Vorstellungsgespräch stellte sich aber heraus, dass sich der Schulkamerad in der Zwischenzeit zu seinem Nachteil verändert hatte: Er war längst nicht mehr so kreativ und ideenreich wie vor zwanzig Jahren. Wie sich herausstellte, war es wohl nicht zuletzt auf sein fehlendes Engagement zurückzuführen, dass die Firma, in der er zuvor als Führungskraft beschäftigt war, Konkurs anmelden musste!

Der Inhaber war in der Zwischenzeit mit seinem Schulfreund im Sportverein verbunden gewesen, hatte dabei aber übersehen, dass der Schulfreund beruflich in keiner Weise mehr dem Bild entsprach, dass sich der Inhaber von ihm gemacht hatte. So wäre es hier beinahe zu einer teuren und schädlichen Personalfehlentscheidung gekommen, weil die persönliche Freundschaft die eigentliche Sachentscheidung überlagerte.

In Einzelfällen, in denen im Betrieb ein leistungs- und kundenorientiertes Arbeitsklima herrscht und die Mitarbeiter verstanden haben, dass es sich letztlich zu ihrem eigenen Vorteil auswirkt, wenn sie die betrieblichen Interessen über ihre kurzfristigen Eigeninteressen stellen, kann es möglich sein, die Mitarbeiter an einem Personalauswahlgespräch zu beteiligen. Leider wird dies nach den Erfahrungen des Verfassers in den meisten Unternehmen nicht möglich sein, da sich die meisten Menschen von emotionalen Empfindungen oder Vorurteilen von einer objektiven Personalbeurteilung ablenken lassen – von Führungskräften einmal abgesehen.

12. Was erwarten neue Mitarbeiter?

In der Regel wird ein Mitarbeiter negative Erfahrungen gemacht haben, wenn er eine neue Stelle antritt – sei es, dass ihm selbst gekündigt wurde aus betriebsbedingten, personen- oder verhaltensbedingten Gründen oder dass der Mitarbeiter selbst die Stelle aufgegeben hat, was wahrscheinlich nur der Fall sein wird, wenn er unzufrieden war.

In jedem Falle wird er psychologisch immer wieder Vergleiche anstellen: Wie war es in seinem alten Arbeitsverhältnis und wie ist es in dem neuen? Sicherlich hat der Mitarbeiter ein starkes Bedürfnis, die Enttäuschungen aus dem ehemaligen Arbeitsverhältnis nicht noch einmal erleben zu müssen. Bei vielen Mitarbeitern entsteht daraus eine Neigung zu besonderer Vorsicht, ein „Problemvermeidungsverhalten", dass oftmals nicht im Interesse des neuen Arbeitgebers ist.

In vielen Fällen sind die Erwartungen der neuen Mitarbeiter nicht sehr hochgesteckt. Sie sehnen sich eher nach Sicherheit, nach einer neuen Chance, ohne allzu viel investieren zu müssen. Oder sie suchen sich ein ruhiges Plätzchen, um sich von den Strapazen der Vergangenheit kurieren zu können und "die Wunden zu lecken".

Beispiel 012: Die Erholungsphase
Ein Mitarbeiter hatte bei seinem vorherigen Arbeitgeber aufgehört, weil die Arbeiten unter hohem Zeitdruck fertiggestellt werden mussten. Es gab kaum Ruhepausen zwischendurch. Auch am Wochenende musste teilweise gearbeitet werden, damit die Termine eingehalten werden konnten.

Bei seinem neuen Arbeitgeber ging es wesentlich weniger hektisch zu. Der Mitarbeiter konnte es sich erlauben, zwischendurch Pausen zu machen und sich auf Gespräche mit den Kunden einzulassen. Dabei gelang es ihm, den einen oder anderen Zusatzauftrag anregen, indem er auf Ergänzungsmöglichkeiten hinwies. Allerdings gab es gelegentlich auch Klagen von den Kunden, dass der Mitarbeiter nicht zügig genug arbeitete. Aber dennoch ging die Rechnung für seinen Chef auf, weil viele Kunden die zusätzlichen Stunden anstandslos bezahlten und die kommunikative Art des Mitarbeiters lobten.

Im Personalmarketing gibt es die Regel: "Zu jedem Topf gibt es einen Deckel!" Wie es in dem obigen Beispiel für den Mitarbeiter zu hektisch war, so kann es für einen anderen Mitarbeiter zu langweilig sein. Hier gilt es herauszufinden, welche Bewerber tatsächlich – welche Talente mitbringen und wie sie optimal für den Betrieb genutzt werden können. Viele Mitarbeiter wissen selbst nicht genau, wo ihre besonderen Talente liegen oder sie trauen sich nicht, es einzugestehen. Sie veranstalten während des Vorstellungsgespräches eine Art Versteckspiel, um sich besonders positiv darzustellen und Schwachpunkte zu überdecken.

13. Verhalten im Vorstellungsgespräch/in der Probezeit

Vor diesem Hintergrund wird ein Bewerber während eines Testes oder eines Vorstellungsgespräches wegen seiner Nervosität oder seines Lampenfiebers nicht seine volle Leistungsentfaltung zeigen können. Eventuell liegen ihm seine negativen Vorerfahrungen wie ein Kloß im Hals. Das äußert sich in einer gewissen Ängstlichkeit, vielleicht Zittrigkeit und Zaghaftigkeit, auf jeden Fall in Zurückhaltung bei Fragen im Vorstellungsgespräch. Diese Zurückhaltung wird in vielen Fällen auch während der Einarbeitungszeit des neuen Mitarbeiters spürbar bleiben – mancher "Neue" taut erst nach überstandener Probezeit richtig auf.

Leider ist gelegentlich auch das genau gegenteilige Verhalten zu beobachten, wenn nämlich ein Bewerber die Stelle "unbedingt" haben will und sich während der Probezeit sehr zusammenreißt, kreative Ideen hat und sich emsig bemüht. Nach der Beendigung der Probezeit fällt er dann "erschöpft" in sich zusammen und ist zu keinem besonderen Engagement mehr in der Lage.

Beispiel 013: Die Ruhe nach dem Sturm
In einem Kleinbetrieb stellte sich ein Bewerber als besonders leistungsfähig dar. Er scheute auch vor aufwändigen und schwierigen Aufgaben nicht zurück. Er übernahm gerne Zusatzarbeiten sowie Einsätzen am Wochenende.

Der Arbeitgeber war von diesem Engagement sehr angetan und übernahm den neuen Mitarbeiter nach der Probezeit in ein unbefristetes Beschäftigungsverhältnis. Leider musste er feststellen, dass sich dessen Einsatzfreude schlagartig änderte und er in den allgemeinen

Trott der übrigen Mitarbeiter einfiel. Er zeigte kaum noch Bereitschaft zu Mehrarbeiten und Sondereinsätzen.

Vor dem Hintergrund dieser nicht selten zu beobachteten „Verhaltensänderung nach dem Ende der Probezeit" ist es sinnvoll, wichtige Verhandlungspunkte des Arbeitsvertrages erst nach der Probezeit endgültig zu klären, zum Beispiel die Entgeltfrage, besondere Lohnnebenleistungen, Vergünstigungen und dergleichen.

Aus dem gleichen Grunde ist es sinnvoll, eine Leistungskomponente in das Entgelt einzubauen, die nur gezahlt wird, wenn sich der Mitarbeiter auch entsprechend einsetzt.

14. Die Art der Entgeltzahlung

Nicht nur die Höhe des Entgelts ist wichtig, sondern auch die Art der Auszahlung, beispielsweise, dass das Geld pünktlich am letzten Tag des laufenden Monats auf den Konten der Beschäftigten ist, denn an diesem Tag werden die Mieten und sonstige regelmäßige Zahlungen abgebucht.

Es nervt die Mitarbeiter sehr, wenn die Arbeitgeber aus Nachlässigkeit die Entgelte ein paar Tage zu spät auszahlen. Sie müssen dann Strafzinsen zahlen, weil ihr Geld auf dem Konto nicht mehr ausreicht. Die Arbeitgeber haben durch solche Verspätungen keinerlei Vorteile. Sie nehmen aber verärgerte Mitarbeiter in Kauf.

Manche Betriebe haben eine so genannte Netto-Entgelt-Optimierung durchgeführt. Sie übernehmen dann bestimmte Kosten direkt für ihre Beschäftigten, beispielsweise für ein betrieblich angeschafftes Sachgeschenk, Handys, Telefon- oder Internetpauschalen, Busfahrkarten oder Tankgutscheine, Autowäschen, Betriebsbekleidung, Essensschecks, Urlaubsgutscheine, Frühstück auf der Baustelle, regionale Tageszeitungen, Obst im Sozialraum oder einen Kindergartenplatz usw.

Diese Aufwendungen müssen die Arbeitgeber entweder gar nicht oder nur mit einem geringen Satz versteuern und die Mitarbeiter bekommen je nach Wunsch entweder weniger ausgezahlt und müssen dadurch weniger Steuern bezahlen oder sie erhalten mehr freie Tage oder sonstige Vergünstigungen, wie beispielsweise ein privat nutzbares Dienstfahrzeug oder Fahrrad.

Manche Betriebe nutzen die Möglichkeit, für ihre Beschäftigten bestimmte Zusatzversicherungen oder eine zusätzliche Altersversorgung abzuschließen oder erlauben den Mitarbeitern, vergünstigt im Großhandel einzukaufen.

Hier gibt es unendliche Gestaltungsmöglichkeiten, die sowohl den Arbeitnehmern, als auch den Arbeitgebern Steuern und Sozialversicherungsbeiträge ersparen. Die Voraussetzung dafür ist, dass die Mitarbeiter damit einverstanden sind. Insgesamt können die Mitarbeiter eine kostenlose Netto-Entgelt-Erhöhung von bis zu 15 % bekommen. Die Arbeitgeber sparen trotzdem bis zu 1.000 Euro pro Beschäftigten. (Quelle: Internet, IHK Ansbach)

Ein weiterer wichtiger Gesichtspunkt ist, dass die Gesamthöhe der Rentenversicherung nicht abgesenkt wird. Hierfür gibt es die Möglichkeit, eine ebenfalls steuerbegünstigte Ausfall-Abgabe zu bezahlen, so dass die Beschäftigten am Ende ihres Arbeitslebens keinen Ruhegeld-Einbußen hinnehmen müssen. Hier empfiehlt sich der Einsatz von Experten.

Beispiel 014: Die Netto-Entgelt-Umwandlung (nach Wikipedia)
In Deutschland haben gemäß § 1a BetrAVG Arbeitnehmer Anspruch auf Entgeltumwandlung bis zu 4 % der Beitragsbemessungsgrenze in der gesetzlichen Rentenversicherung. Der

Arbeitgeber muss den Arbeitnehmer nicht von sich aus auf diesen Anspruch hinweisen. Der Rechtsanspruch auf Entgeltumwandlung ist allerdings einem Tarifvorrang untergeordnet. (…)

Außerdem enthält § 1a BetrAVG Regelungen zu den möglichen Durchführungswegen. Grundsätzlich kann die Entgeltumwandlungszusage über jeden Durchführungsweg vereinbart werden. Der Arbeitgeber kann als Durchführungsweg die Pensionskasse oder den Pensionsfons vorgeben. Bietet er keinen dieser beiden Durchführungswege an, kann der Arbeitnehmer die Durchführung über eine Direktversicherung verlangen. Bei allen drei Durchführungswegen kann der Arbeitnehmer verlangen, dass die Voraussetzungen für die so genannte Riester-Förderung erfüllt werden.

15. Worauf legen die "Neuen" besonders wert

Recht interessant ist in diesem Zusammenhang auch die Beobachtung, welchen Erwartungen die Mitarbeiter in Hinblick auf die neue Arbeit hegen und wie stark diese ausgeprägt sind. Haben die Bewerber beispielsweise eine Liste mit Fragen aufgestellt und hier ihre Hoffnungen und Erwartungen niedergelegt oder haben sie sich mehr oder weniger unvorbereitet auf den Weg zum Vorstellungsgespräch gemacht?

Haben die Bewerber für sich ein paar Punkte als Bedingung definiert, ohne deren Erfüllung sie nicht bereit sind, die neue Arbeit aufzunehmen oder ist es ihnen weitgehend egal, was sie geboten bekommen, wenn sie nur schnell wieder einen neuen Job finden?

Hierbei ist genau zu beobachten, welche Fragen ein Mitarbeiter in den Vordergrund rückt, welche ihm also besonders wichtig sind. Ist es die Frage nach dem Geld, nach zusätzlichen Prämien oder nach der Möglichkeit, etwas darüber hinaus und nebenher zu verdienen, dann handelt es sich möglicherweise um einen besonders ehrgeizigen Mitarbeiter, der aber möglicherweise nicht so sorgfältig arbeitet und auch im Umgang mit den Kollegen weniger rücksichtsvoll ist. Vielleicht steht er auch finanziell oder familiär stark unter Druck. Dann wirkt er in seinem Verhalten etwas egoistisch.

Ein anderer legt viel Wert auf Urlaub und Freizeit,
möglichst wenig Überstunden und möglichst keine Einsätze
am Wochenende. Dieser Mitarbeiter wird möglicherweise
weniger motiviert sein. Wahrscheinlich erbringt er insgesamt
eine schlechtere Arbeitsleistung. Er wird auch nicht der
schnellste und eifrigste sein, da er vielleicht seine Kräfte für
das Wochenende aufsparen will. Andererseits kann er eine
treue Seele und ein verlässlicher, ruhiger Mitläufer sein, der
seine Arbeit macht, aber ansonsten in Ruhe gelassen werden
will.

Ein anderer Mitarbeiter fragt ängstlich wegen der einzelnen
Paragrafen im Arbeitsvertrag nach. Er stellt häufig Fragen in
der Möglichkeitsform: Was wäre denn –
wenn?... Er ist misstrauisch und unterstellt vielleicht, dass
der Arbeitsvertrag später zu seinem Nachteil ausgelegt
werden könnte. Sein Misstrauen ist umso größer, je
komplexer der vorgelegte Vertragsentwurf ist.

Dieser Mitarbeiter hat in der Vergangenheit möglicherweise
viele negative Erfahrungen gemacht und ist deshalb
übervorsichtig. Ein solcher Mensch kann aber geradezu
aufblühen, wenn er sich in seinem neuen Betrieb keine
Sorgen mehr machen muss. Er wird sich dann in der Regel
dankbar und einsatzwillig zeigen. Von Seiten der neuen

Vorgesetzten wird hier ein aufgeschlossenes, aufrichtiges und ehrliches Verhalten nötig sein.

Beispiel 015: Der Spätzünder

In einem Vorstellungsgespräch zeigte sich ein Bewerber sehr eingeschüchtert und zurückhaltend. Er antwortete nur zögerlich auf die gestellten Fragen und zeigte wenig Engagement. Der Arbeitgeber entschloss sich aber dennoch, es mit diesem Mitarbeiter zu versuchen, weil er andererseits gute Zeugnisse vorzuweisen hatte.

Im Arbeitsalltag erwies sich der „Neue" als sehr einsatzbereiter und treuer Mitarbeiter. Er gehörte nicht zu den „Schnellsten", aber er war immer zu Überstunden bereit. Seine Arbeit erledigte er sorgfältig und gut. Was den Vorgesetzten besonders gefiel, war die Verlässlichkeit. Wenn er versprochen hatte, eine bestimmte Arbeit bis zu einem gesetzten Termin erledigt zu haben, konnten sich alle Beteiligten darauf verlassen, dass sie tatsächlich fertig wurde.

Interessant ist es auch festzustellen, inwieweit die Mitarbeiter erwarten und hoffen, ihre erworbenen Kenntnisse und Erfahrungen im Unternehmen einbringen zu können. Hier wird die innere Motivation für den Beruf erkennbar. Aufschlussreich ist in diesem Zusammenhang ebenfalls die Bereitschaft, sich durch Literatur, Messe- oder Seminarteilnahmen und andere Freizeitopfer weiterzubilden.

16. Urlaub und Urlaubsplanung sind wichtig

Immer mehr Mitarbeiter haben verstanden, dass ihre Arbeitskraft in der heutigen Zeit den häufigsten Engpass in der Unternehmensentwicklung bildet. Viele Unternehmen haben genügend Aufträge, aber zu wenig Mitarbeiter, um sie abzuarbeiten. Die Arbeitgeber sind daher gut beraten, sich um die Zufriedenheit ihrer Mitarbeitenden Gedanken zu machen. Sie sollten auf ihre Wünsche Rücksicht nehmen, wie das nachfolgende Beispiel zeigt.

Beispiel 016: Sonderurlaub für die Konfirmation
Ein Mitarbeiter hatte für die Konfirmation seiner Tochter einen Tag Sonderurlaub beantragt. Sein Arbeitgeber verwehrt ihm dies mit der Begründung, es gäbe in Betrieb zurzeit zu viel zu tun. Er sei in der Produktion unverzichtbar und außerdem seien Konfirmationen doch sehr aus der Mode gekommen.

Der Mitarbeiter nahm seinem Chef diese Einstellung sehr übel, ging zum Arzt und ließ sich für eine Woche krankschreiben. Der dadurch entstandene Schaden war für den Betrieb viel größer, als wenn der eine Tag Sonderurlaub für die Konfirmation genehmigt worden wäre.

Die Arbeitgeber sollten von sich aus auf die Wünsche und
Bedürfnisse ihrer Mitarbeitenden Rücksicht nehmen. Er
geht am besten individuell unterschiedlich auf sie ein.
Beispielsweise ist manchen Beschäftigten ein höheres
Entgelt gar nicht so wichtig, wie zusätzliche freie Tage, ein
langes Wochenende oder sonstige betriebliche
Vergünstigungen, wie beispielsweise eine private und
betriebliche Unfallversicherung oder eine Zusatzversorgung
im Alter.

Was die Mitarbeitenden besonders motiviert, muss in
individuellen Gesprächen mit jedem einzelnen Beschäftigten
festgestellt und berücksichtigt werden, damit die
Beschäftigten dem Betrieb treu bleiben und engagiert
mitarbeiten. Nur dann werden sie ihren Arbeitgeber aktiv
dabei unterstützen, optimale Produkte und Dienstleistungen
anzubieten.

17. Sozialräume nicht vernachlässigen!

Die Mitarbeiter verbringen einen großen Teil ihrer
Lebenszeit bei einem Arbeitgeber. Sie möchten in dieser
Zeit angenehme Pausen verbringen, sich mit den Kollegen
austauschen, etwas essen oder trinken oder sich körperlich
betätigen, weil es zum Beispiel einen Fitnessraum gibt.

Viele Mitarbeiter surfen in der Pause gerne einmal im
Internet und das nicht nur von ihrem Handy aus, sondern
von einem vernünftigen PC, den das Unternehmen stellt.
Andere lesen eine regionale Tageszeitung oder schauen sich
eine Fernsehsendung an. Die Arbeitgeber tun gut daran,
solche Wünsche zu berücksichtigen und entsprechende
Pausenräume einzurichten, vielleicht mit einer
Couchgarnitur zum Entspannen sowie einem Extraraum für
die Raucher.

Beispiel 017: Die Raucherecke
*In einem mittelständischen Industrieunternehmen mussten die Raucher
in der Belegschaft sich in eine hässliche Ecke unter dem Vordach einer
Halle stellen, wenn sie nicht im Regen rauchen wollten. Als sich die
ersten Mitarbeiter dort eine Erkältung zugezogen, erbarmte sich der*

Inhaber. Er spendierte für die Raucher einen geschützten Wintergarten.

Damit erledigt sich auch ein häufig beklagtes Problem. Die Zufriedenheit der Beschäftigten stieg – nicht nur unter den Rauchern. Die Mitarbeiter anerkannten, dass der Inhaber ihre Wünsche ernst nahm.

18. Ein gutes Outfit unterstützt das Betriebsklima

Viele mittelständische Unternehmer kümmern sich um das äußere Erscheinungsbild ihres Unternehmens, der Büros und Produktionsräume nur dann, wenn sie zumindest gelegentlich Kundenkontakt haben. Es nur für die eigenen Mitarbeiter des Unternehmens „aufzuhübschen", erscheint vielen als eine überflüssige Geldausgabe.

Sie verkennen dabei die Wirkung eines ungepflegten Erscheinungsbildes auf das Unterbewusstsein der Beschäftigten. Auch das Image des Unternehmens in der jeweiligen Stadt oder Ortschaft ist betroffen, wie die folgende Geschichte zeigt:

Beispiel 018: Ein alteingesessener Familienbetrieb
Ein mittelständisches Industrieunternehmen, ein Familienbetrieb seit mehreren Generationen, unterhielt den Großteil seiner Produktionsstätten immer noch auf dem alten Familien Grundstück. Die Geschäfte gingen gut. Niemand schien sich daran zu stören, dass die Gebäude im Laufe der Jahrzehnte grau und hässlich geworden waren.

Auch im Inneren des Gebäudes wurde nicht sehr auf Äußerlichkeiten geachtet. Überall in der Halle lagen Materialreste und Abfälle herum. Diese Zustände fielen einem Steuerberater auf. Er regte an, das Gebäude und die Inneneinrichtung einer Renovierung zu unterziehen.

Als was geschehen war, äußerten sich die Mitarbeiter sehr positiv über die Erneuerung. Sie erklärten, dass es ihnen jetzt wesentlich mehr Spaß machen würde, für das Unternehmen einzusetzen. Sie müssten sich nicht mehr schämen, wenn sie im Freundes- und Bekanntenkreis eingestanden, in dem früher etwas verwahrlost anmutenden Fabrikgebäude tätig zu sein.

Von der Unternehmensleitung unbemerkt hatte sich ein negatives Image durch das vernachlässigte äußere Erscheinungsbild des Betriebes entwickelt. Fast unausweichlich hat dies negative Konsequenzen für die Zusammenarbeit mit den örtlichen Behörden, beziehungsweise Geschäftspartnern und Lieferanten-Firmen.

Nicht zuletzt fühlten sich auch Bewerber abgeschreckt, wenn sie zum Vorstellungsgespräch in eine äußerlich wenig attraktive Unternehmung eingeladen wurden.

19. Zeitgemäße Werkzeuge und Maschinen

Gerade im technischen und handwerklichen Unternehmen spielt die Ausstattung an den Arbeitsplätzen, in den Büros und in der Produktion eine wichtige Rolle. Viele Mitarbeitende geben sich mehr Mühe, wenn sie in zeitgemäß ausgestatteten Räumen ihre Arbeit verrichten können. Manche Beschäftigten schlussfolgern, wenn die Unternehmensleitung sich keine Gedanken um die Ausstattung der Arbeitsplätze macht, dann muss ich mir auch keine besondere Mühe bei der Qualität meiner Arbeit geben.

Hinzu kommt, dass es in vielen Gewerben und Branchen Vorschriften gibt, welche Mindestausstattungen vorhanden sein müssen. Nicht zuletzt wird darauf die Berufsgenossenschaft bei einem eventuellen Besuch achten. Jeder Kontrolleur wird automatisch kritischer werden, wenn es Mängel in der technischen oder organisatorischen Ausstattung gibt.

Nicht zuletzt sollte der Eindruck bei den Kunden berücksichtigt werden, da diese nicht selten bei Geschäftspartnern oder Außendienstmitarbeitern kritische Nachfragen stellen. Manche fahren selbst einmal am Wochenende zu dem Betrieb und schauen heimlich durch die Fenster (!). Es lohnt sich deshalb, das äußere Erscheinungsbild, die Arbeitsplätze sowohl im Büro als auch in der Produktion regelmäßig zu überprüfen.

Beispiel 019: Überprüfung der Arbeitsplätze
In einem mittelständischen Produktionsbetrieb wurden regelmäßig nach einem Zeitplan die Arbeitsplätze überprüft. Bei dieser Gelegenheit bekamen die Beschäftigten neue Werkzeuge, Betriebsmittel und wo nötig, neue Maschinen gestellt.

Der Inhaber hatte die Erfahrung gemacht, dass sich die Mitarbeiter mehr Mühe gaben, wenn es eine gute Ausstattung der Arbeitsplätze gab. Auf diese Weise wurden auch viele Reklamationen vermieden, die sonst in vergleichbaren Unternehmen auftraten.

20. Veränderte Arbeitswelt durch Technik

Vollautomatische Bearbeitungszentren verändern die Arbeitswelt in einem Maße, wie es sich die Beschäftigten vor wenigen Jahren noch gar nicht vorstellen konnten. Der Verfasser berät beispielsweise eine Tischlerei, die viele moderne technische Bearbeitungsmöglichkeiten nutzt und daher alle alten Sägen, Bohrer, Hobel oder Stechbeitel an die Mitarbeiter verschenkt hat. Selbst für kleine Reparaturarbeiten ist es mittlerweile einfacher, das Bearbeitungszentrum zu programmieren, eine Holzplatte hineinzuschieben und sie vollautomatisch bearbeiten zu lassen. Die Maschine arbeitet mit einer Genauigkeit von bis zu einem Tausendstel Millimeter, was den handwerklich arbeitenden Tischlern nie möglich war.

Die unausweichliche Folge ist, der Beruf des Tischlers verändert sich grundlegend. Viele ältere Mitarbeiter kommen mit der neuen Technik gar nicht mehr zurecht, weil sie Holz fast gar nicht mehr in die Hand nehmen. Sie müssen deshalb umgeschult werden oder den Arbeitgeber wechseln.

Beispiel 020: Automaten verändern Berufe radikal
In einem mittelständischen Unternehmen wurde lange diskutiert, ob eine sehr moderne, vollautomatische Bearbeitungsmaschine angeschafft werden sollte. Der Steuerberater hatte die Anschaffung des Automaten empfohlen, weil er sich nach seinen Berechnungen sehr bald rentieren würde.

Die Mitarbeiter äußerten allerdings Bedenken, weil ihre gewohnten Arbeitsabläufe sich völlig verändern würden. Viele Routinevorgänge müssten völlig neu ein eingeübt werden.

Schließlich gab es bei einer Abstimmung in der Firma eine knappe Mehrheit für die Neuanschaffung, die dann auch von allen mitgetragen wurde. Im weiteren Verlauf zeigte sich, dass sich die Maschine tatsächlich sehr schnell rentierte. Die Arbeitsabläufe konnten recht zügig angepasst werden. Es war kaum Mehraufwand nötig.

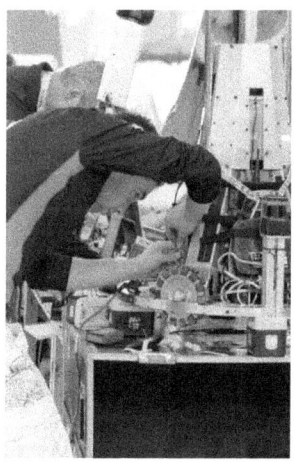

Ähnliche nahezu vollständige Veränderung des Berufsbildes hat es in der Zahntechnik und der Metallverarbeitung gegeben. Bei den Fotografen beispielsweise hat sich die digitale Bildbearbeitung auch bei Profi-Fotografen durchgesetzt hat. Dunkelkammern gibt es nur noch im Handwerksmuseum zu besichtigen.

21. Chancen aus dem Freundeskreis

Wenn ein Mitarbeiter eine neue Stelle antritt, verursacht das in seinem Freundeskreis oder in seiner Familie eine hohe Aufmerksamkeit, insbesondere wenn der neue Betrieb als sehr attraktiver Arbeitgeber gilt. Beispielsweise genießen große Industrieunternehmen in ihrer näheren Umgebung als Arbeitgeber häufig einen sehr guten Ruf. Es entsteht bei manchen Menschen die Hoffnung, dass ein dort beschäftigter Freund ihnen ebenfalls zu einem Beschäftigungsverhältnis in diesem Hause verhelfen könnte. Dies gilt auch für Kinder von Freunden der Mitarbeiter. (So genannte "Mikis" und "Kukis" für Mitarbeiter- oder Kundenkinder)

Auch kleinere Betriebe können gelegentlich ein solches besonderes Image genießen. Sie werden zu begehrten Arbeitsplatzanbietern, ohne dass dies dem Inhaber oder seiner Familie bekannt wäre. In diesem Fall werden die Mitarbeiter von ihrem Umfeld bei den Bemühungen um eine innerbetriebliche Karriere unterstützt, da sich die Freunde und Verwandten eigene berufliche Vorteile daraus erhoffen.

Der Arbeitgeber kann eine solche positive Meinung über das Unternehmen noch zusätzlich dadurch fördern, dass er seine Mitarbeiter mit einer Sonderprämie belohnt, wenn es ihnen gelingt, für seine Firma einen neuen Mitarbeiter anzuwerben. In diesem Fall wird der Mitarbeiter schon aus finanziellen Interessen bestrebt sein, negative Urteile über sein Unternehmen zu vermeiden, beziehungsweise zu widerlegen.

Beispielbrief 021: Prämie zur Mitarbeitersuche
Liebe Mitarbeiterinnen, liebe Mitarbeiter!

Das ganz große Problem in der heutigen Zeit ist es, gute, engagierte und fähige Mitarbeiter zu finden. Wie Sie wissen, haben wir zurzeit eine recht gute Auftragslage. Wir könnten gerne den einen oder anderen zusätzlichen Mitarbeiter gebrauchen.

Leider haben meine Anfragen bei der Arbeitsagentur nicht geholfen, denn die dort gemeldeten stellungsuchenden Menschen sind aus verschiedenen Gründen nicht geeignet. Deshalb habe ich eine Bitte an Sie:

Hören Sie sich doch einmal in Ihrer privaten Umgebung um, in der Nachbarschaft, im Sportverein, bei Freunden und Bekannten, ob es hier nicht den einen oder anderen Mitarbeiter gibt, der sich zum Beispiel beruflich verändern möchte und dem Sie es zutrauen würden, bei uns tätig zu werden.

Ich möchte diese Bemühung auch mit einer Sonderprämie belohnen. Das heißt ich zahle Ihnen € 500,-- zusätzlich in dem Monat aus, in dem ein von Ihnen ins Unternehmen gebrachter Mitarbeiter bei uns seinen Arbeitsvertrag unterschreibt.

Eine weitere Prämie in Höhe von € 500,-- zahle ich anschließend aus, wenn der Mitarbeiter nach seiner Probezeit noch bei uns beschäftigt bleibt. Denn ich möchte gerne, dass Sie ihm helfen, sich bei uns schnellstmöglich zurechtzufinden und seinen vollen Arbeitseinsatz zu zeigen.

Ich darf mich schon jetzt für Ihr Verständnis bedanken und hoffe auf erfolgreiche Mitarbeitersuche.

Mit freundlichen Grüßen

P.S.: Auf Wusch behandele ich solche Hinweise auf mögliche Bewerber streng vertraulich. Gern komme ich zu einem entsprechenden Vorgespräch einmal zu Ihrem Bekannten mit.

22. Stellenbeschreibungen als Führungsinstrumente

Damit alle Mitarbeiter an der richtigen Stelle eingesetzt werden können, ist genau festzustellen, welche Anforderungen an den Inhaber des Arbeitsplatzes gegenwärtig insgesamt gestellt werden, mit wem er zusammenarbeiten muss und vor allen Dingen, in welche Richtung sich dieses Anforderungsprofil in Zukunft verändern wird.

Bei den meisten mittelständischen Arbeitgebern wird eine solche qualitative Personalplanung nur unzureichend vorgenommen, da die meisten Unternehmer davon ausgehen, wenn der Mitarbeiter seine Prüfung bestanden hatte, müsse er auch alles aus seinem Fach wissen.

Häufig wird dabei aber übersehen, dass der Mitarbeiter seine theoretischen Kenntnisse nur für die Prüfung gelernt und häufig wieder vergessen hat. Oft kommt hinzu, dass er im Laufe seiner Berufsausübung relativ einseitig eingesetzt wurde. Er kennt daher Tätigkeitsbereiche, die über seine bisherige Arbeit hinausgehen, nur unzureichend oder überhaupt nicht.

Beispiel 022: Anforderungsarten nach REFA

- *Aus der REFA-Technik gibt es eine sehr hilfreiche systematische Erfassung der Anforderungen an einen Arbeitsplatz nach dem folgenden Schema:*

- *<u>Hauptanforderung</u> Unteranforderung*
- *<u>1..Kenntnisse, Ausbildung</u>*
- *Erfahrung, Routine, Mit-Denkfähigkeit*
- *<u>2..Geschicklichkeit</u>*
- *Handfertigkeit Körpergewandtheit*
- *<u>3..Verantwortung</u>*
- *für die eigene Arbeit   für die Arbeit anderer*
- *und für die Sicherheit anderer*
- *<u>4..Geistige Belastung</u>*
- *Aufmerksamkeit, Denkfähigkeit*
- *<u>5..Muskulöse Belastung</u>*
- *Statische Muskelarbeit*
- *Einseitige Muskelarbeit*

- *Dynamische Muskelarbeit*
- *6..Umgebungseinflüsse*
- *Klima (Luftraum, -menge)*
- *Nässe (Luftfeuchtigkeit)*
- *Öl, Fett, Schmutz (Hygiene)*
- *Staub (Rauch, Aerosol)*
- *Gase, Dämpfe (Geruch)*
- *Lärm (Dauer, Frequenz)*
- *Erschütterung (Vibration)*
- *Blendung oder Lichtmangel*
- *Erkältungsgefahr (Hitze)*
- *Hinderliche Schutzkleidung*
- *Gefahrengeneigte Arbeit.*

Gerade in technischen Berufen und im Handwerk müssen immer wieder auf den besonderen einzelnen Fall abgestellte Beobachtungen und Befragungen durchgeführt werden. Ebenso müssen zukünftig zu erwartenden Tendenzen analysiert werden, um auf notwendige Innovationen vorbereitet zu sein.

Die Verhaltensanalyse und Beobachtung am Arbeitsplatz können zum einen durch einen ausgewiesenen REFA-Techniker durchgeführt werden, was aber bei Kleinbetrieben zu aufwendig sein wird. Der Unternehmer sollte daher mit Hilfe einer vorher erarbeiteten individuellen Checkliste die Entwicklung an den einzelnen Arbeitsplätzen in seinem Hause erfassen, um sich selbst und seine Mitarbeiter auf zukünftige Anforderungen besser vorzubereiten.

23. Künftige Anforderungen

Allen Arbeitgebern ist zu empfehlen, regelmäßig die
Betriebsabläufe im eigenen Unternehmen zu überprüfen,
weil sich im Alltag immer wieder neue Anpassungen
ergeben. Unbemerkt treten Veränderungen ein, auf die die
Unternehmensleitung reagieren muss. Das gilt insbesondere
für Veränderungen, die Konsequenzen für die Mitarbeiter
haben.

Beispiel 023: Checkliste neue Anforderungen
- *Welches Arbeitsvolumen muss an den einzelnen Arbeitsplätzen täglich geschafft werden?*
- *Welche Aufgaben müssen darüber hinaus gelegentlich erledigt werden?*
- *Welche weiteren Nebenpflichten sind zu erfüllen? (hinsichtlich Qualitätskontrolle, Sicherheitsvorsorge, Kostenmanagement)*
- *Welche Qualitätskriterien dürfen dabei nicht unterschritten werden?*

- *Wie viel Zeit steht für die einzelnen Arbeitsschritte zur Verfügung?*
- *Werden diese Arbeitsweisen in Zukunft durch Automatisierung oder EDV beschleunigt?*
- *Wie ist die auf diesen Arbeitsplatz bezogene Auftragslage einzuschätzen?*
- *Wird sich die gegenwärtige Auftragslage auch in Zukunft halten lassen?*
- *Werden die gegenwärtigen Auftraggeber weitere und zusätzliche Aufträge erteilen?*
- *Wird es nötig sein, neue und zusätzliche Auftraggeber zu gewinnen?*
- *Welche Erwartungen werden diese im Hinblick auf Produktion und Dienstleistung hegen?*
- *Welche notwendigen Investitionen kommen an diesen Arbeitsplätzen auf den Betrieb zu?*
- *Welche zusätzlichen Qualifikationen müssen die Mitarbeiter künftig erfüllen?*

Diese Fragenliste sollte für das jeweilige Unternehmen individuell ergänzt und sorgfältig in der Geschäftsleitung besprochen werden. Anschließend hat es sich sehr bewährt, diese Fragen mit den Stelleninhabern und ihren Vorgesetzten durchzusprechen.

Darüber hinaus wäre es sinnvoll, diese Fragen auch mit Kollegen, Betriebsberatern, in den Innungen, Kammern und Verbänden zu diskutieren. So kann ein annähernd realistisches Bild von den zukünftigen Anforderungen an den jeweiligen Arbeitsplätzen entstehen, um sich rechtzeitig auf diese Veränderungen einstellen zu können.

Wertvolle ergänzende Anregungen könnten auch von anderen Stellenbeschreibungen ausgehen, in denen ein anderer Arbeitsplatz in einem ähnlich gelagerten Unternehmen beschrieben wird. Es kann sehr anregend sein, Stellenbeschreibungen aus anderen Gewerken oder aus der Industrie oder dem öffentlichen Dienst zu Rate zu ziehen, die in vielfältiger Form im Internet nachlesbar sind.

24. Der Informationsstand der Mitarbeiter

Manch ein Unternehmer wird jetzt einwenden, dass er für seine Firma solche Übersichten in schriftlicher Form nicht brauche. Er kenne seine Leute und ihre Aufgaben genau und hätte alles genau im Kopf. Leider übersieht er dabei, dass er dieses Wissen auch in den Köpfen seiner Mitarbeiter voraussetzt, obwohl mit ihnen kaum darüber gesprochen wurde.

Vielleicht hat er die Aufgabenverteilung intensiv in der Familie durchgesprochen und lange diskutiert. Vielleicht ist er nun des Redens überdrüssig. Er will endlich entsprechend handeln – übersieht aber dabei, dass er seinen Kenntnisstand einer ausführlichen Diskussion verdankt, an der die Mitarbeiter nicht teilgenommen haben.

So kann es passieren, dass die Mitarbeiter von Erwartungen und Anordnungen ihres Chefs überrascht werden, mit denen er sie ohne große Begründung konfrontiert und deren Beachtung er ab sofort einfordert. In diesen Fällen wäre es nötig, zunächst eine Mitarbeiterbesprechung durchzuführen, denn nur wenn alle verstanden haben, was von ihnen erwartet wird – können sie diese Erwartungen auch erfüllen!

Beispiel 024: Interne Entscheidungsfindung
*In nächtelangen Gesprächen mit seiner Familie hatte sich ein
Unternehmer zu der Entscheidung durchgerungen, künftig
hauptsächlich für eine bestimmte Zielgruppe tätig werden zu wollen.
Sein Privatkundengeschäft wollte er allmählich abbauen. Von dieser
internen Diskussion hatten die Mitarbeiter nichts mitbekommen. Sie
waren nun völlig überrascht, als der Chef ihnen mitteilte, künftig auf
das früher so hochgelobte Privatkundengeschäft zu verzichten.*

*Einen Mitarbeiter traf diese Entwicklung besonders hart, da er sich
mit einem privaten Kunden in einer langwierigen Diskussion über
einen größeren Auftrag befand und nun annahm, dass die Fortsetzung
dieser Verkaufsbemühungen nicht mehr im Sinne seines Chefs sei. Er
drosselte daraufhin sein Engagement und verlor in der Folge den
Auftrag.*

*Dies wiederum war keineswegs im Sinne des Unternehmers gewesen,
der sehr gerne diesen immerhin sechsstelligen Umsatz mitgenommen
hätte, bevor er seine neue Geschäftsausrichtung endgültig durchsetze.
Das Missverständnis war dadurch entstanden, weil der Chef seine
Mitarbeiter in seine Überlegungen nicht mit einbezogen hatte, sondern
sie mit der neuen Geschäftsausrichtung überraschte und überforderte.*

Hätte der Chef in dieser Situation eine schriftliche Richtlinie herausgegeben, an der sich jeder Mitarbeiter orientieren könnte und genau wüsste, was von ihm erwartet wird und was nicht, dann wäre dieses Missverständnis und der nicht unerhebliche Umsatzverlust aus dem obigen Beispiel vermeidbar geblieben. Allen Beteiligten wäre bekannt, in welche Richtung sich die neuen Geschäftsaktivitäten bewegen sollen und wie in der Übergangszeit vorzugehen ist,

25. Gesundheitsschutz und Ergonomie nicht vernachlässigen!

Viele Mitarbeiter reagieren positiv darauf, wenn sich ihre Arbeitgeber Gedanken um den Gesundheitsschutz und die Ergonomie an den Arbeitsplätzen machen. Zu diesem Zweck werden Dienstleister beauftragt, die sich um das betriebliche Gesundheitsmanagement kümmern. Sie führen an jedem einzelnen Arbeitsplatz eine sorgfältige Untersuchung durch, wie die Stühle eingestellt sind und ob sie überhaupt über die entsprechenden Verstellmöglichkeiten verfügen.

Außerdem geht es um die Höhe der Arbeitstische, die auch im Büro optimaler Weise höhenverstellbar sein sollten. Große Menschen mit langen Beinen müssen sonst ihre Sitze sehr tief stellen, um an einem Normschreibtisch arbeiten zu können. Das führt fast unausweichlich zu Rücken- und Gelenkbeschwerden und entsprechend häufigen Krankmeldungen. Trotz aller Bemühungen um die Ergonomie, sind noch immer Rückenbeschwerden die häufigste Ursache von Krankschreibungen.

Beispiel 025: Arbeitsplatzanalysen durch die Krankenkasse
*Eine große Krankenkasse führt auf Bitten von Unternehmen
kostenlose Arbeitsplatz-Überprüfungen durch, ob die Beschäftigten
ergonomische richtig sitzen können, beispielsweise durch moderne
Bürostühle, höhenverstellbare Tische, optimierte Monitore usw.*

*Diese aufwendige Maßnahme an jedem einzelnen Arbeitsplatz macht
sich für die Krankenkasse bezahlt, weil es an den überprüften
Arbeitsplätzen weniger Krankheitsfälle mit Rückenproblem gibt, die
für die Kasse erhebliche Kosten zur Folge hätten. Die Arbeitgeber
haben auch große Vorteile davon, weil sie entsprechend weniger
krankheitsbedingte Personalausfälle auszugleichen müssen.*

Manche Dienstleister zum betrieblichen
Gesundheitsmanagement führen außerdem Untersuchung
mit Hilfe eines Augenoptikermeisters durch, der die
Sichtverhältnisse an den Arbeitsplätzen prüft und zugleich
feststellt, ob die Mitarbeitenden eine Sehhilfe brauchen und
ob diese auch richtig eingestellt ist.

Bei solchen Untersuchungen wird erschreckend häufig
festgestellt, dass die Mitarbeiter eine Veränderung ihrer
Sehfähigkeit gar nicht bemerkt haben. Sie tragen
unangepasste Brillen, an die sie sich seit Jahren gewöhnt
haben. Sie bemerken gar nicht, dass sie nicht mehr richtig
sehen können.

26. Gesundheitsvorsorge, Arbeitssicherheit, Unfallverhütung

Es gehört zu den Fürsorgepflichten jedes Arbeitgebers, sich über die Gesundheitsvorsorge, Arbeitssicherheit und Unfallverhütung der Beschäftigten Gedanken zu machen und entsprechende Vorsorge zu treffen. Es reicht dazu nicht aus, Verbots- oder Gebotsschilder aufzuhängen. Der Arbeitgeber muss auch dafür sorgen, dass diese Vorschriften eingehalten werden.

Es reicht nicht aus, die Vorsorge einmal vorzunehmen. Sie muss ständig wiederholt und kontrolliert werden, denn durch neue Maschinen und Materialien, mit denen gearbeitet wird, ändern sich die Arbeitsbedingungen ständig. Daraus ergibt sich die Notwendigkeit, die Mitarbeiter fachlich und technisch ständig weiterzubilden.

Diese Gesichtspunkte sollten in die Stellenbeschreibungen der einzelnen Arbeitsplätze aufgenommen und regelmäßig angepasst werden.

Beispiel 026: Fragebogen zu Belastungen

- *Welchen Belastungen oder Anforderungen unterliegen die Mitarbeitenden an dem Arbeitsplatz in*
- *körperlicher/energetischer*
- *geistig/informatorischer*
- *sozialer/kommunikativer*
- *seelisch/emotionaler Hinsicht*
- *(Zeitdruck/Stress)?*

- *Gibt es belastende psychologische Aspekte?*
- *Eventuelle Atem-Belastungen/Emissionen?*
- *Stäube, Rauche, Gase, Nebel, Dämpfe?*
- *Chemischen Umwelteinflüsse durch toxische Substanzen oder deren Freiwerden?*
- *Physikalische Belastungen durch Lärm, zu wenig/zu viel Licht? Schwingungen, Vibrationen, Gerüche?*
- *Beeinträchtigungen der Geschmacksnerven usw.?*
- *Belastungen durch Temperaturen, schlechte Belüftung, wenig Luftaustausch, kleine Räume?*
- *Feuchtes/trockenes Klima oder Temperaturwechsel?*

27. Planung des Mitarbeitereinsatzes

Neben einer treuen und umsatzträchtigen Kundschaft sind eingearbeitete und gut motivierte Mitarbeiter die wichtigste Voraussetzung für den Unternehmenserfolg. In der modernen Management- und Marketingliteratur bekommen die Mitarbeiter zu Recht einen immer höheren Stellenwert zugewiesen. Immer mehr Ratgeber sagen: Der gute Mitarbeiter ist genauso wertvoll wie ein guter Kunde – und sollte deshalb auch so behandelt werden!

Personalplanung im Mittelstand leidet oftmals darunter, dass eine zumindest mittelfristige Personalbedarfsplanung nur selten aufgestellt wird, obwohl die Vorteile im Hinblick auf Organisation und Kosten bestechend sind. Viele Unternehmer versuchen stattdessen, mit ihrem bestehenden Personal so viele Arbeiten wie möglich zu erledigen, da sie aus Kostengründen davor zurückschrecken, sich mit zusätzlichen Mitarbeitern zu belasten.
Viele Arbeitgeber warten solange wie es irgendwie zu vertreten ist, bevor sie neue Mitarbeiter einstellen. Es werden lieber Überstunden gezahlt, als das Risiko einzugehen, zu wenig Arbeit für die bestehenden Mitarbeiter zu haben.

Beispiel 027: Zu viele Aufträge sind ungesund!
In einem neugegründeten Unternehmen versuchte der junge Inhaber so viele Aufträge wie nur möglich zu bekommen. Er nahm dabei keinerlei Rücksicht auf seine Mitarbeiter. Er nötigte sie immer wieder zu Überstunden und Mehrleistungen. Keiner der Mitarbeiter konnte sich noch darauf verlassen, das Wochenende frei zu haben, da immer wieder kurzfristige Aufträge übernommen wurden.

Schließlich wurde dieser Stress den Mitarbeitern zu viel. Sie befürchteten, ihre Gesundheit und ihren Familienfrieden zu riskieren. Einer nach dem anderen wechselte zu einem anderen Arbeitgeber. Schließlich war der Jungunternehmer nur noch mit einer kleinen Gruppe von übrig gebliebenen Mitarbeitern allein. Er musste viele Aufträge abgeben und fing mit neuer verbesserter Planung noch einmal von vorne an.

28. Personalverleihfirmen –
Vor- und Nachteile

Eine Entlastung in dieser Situation könnten eventuell
Personalverleihfirmen bieten, die aber in der Praxis nur
selten über entsprechend ausgebildetes Fachpersonal
verfügen. Viele Unternehmer betrachten sie insgesamt mit
Misstrauen, denn im Mittelstand gibt es immer noch die
Traditionsvorstellung, dass sich ein Arbeitnehmer langfristig
an sein Unternehmen bindet, um mit den Jahren zu einer
Art Familienmitglied für die Betriebsgemeinschaft zu
werden.

Erst sehr allmählich verbreitet sich die modernere
Denkweise, dass es nicht nur für den Mitarbeiter, sondern
auch für das Unternehmen von Vorteil sein kann, einen
gelegentlichen Personalwechsel vorzunehmen, um auf diese
Weise neue Impulse zu bekommen und zugleich von den
Erfahrungen der Mitarbeiter aus anderen Betrieben zu
profitieren.

Beispiel 028: "Start"
*Aus den Niederlanden kommt eine neue Art der Personalverleihung,
die es darauf anlegt, dass verliehene Mitarbeiter in den Unternehmen,
wo sie eine Einsatzmöglichkeit geboten bekommen, auf die Dauer fest
angestellt werden. Auf diese Weise erreicht es die gemeinnützige
Institution "Start", dass Arbeitslose schneller in feste
Arbeitsverhältnisse übernommen werden.*

Personalverleihfirmen können einen wertvollen Beitrag zur
Lösung der Probleme leisten, indem sie Hilfskräfte
vermitteln, die das Stammpersonal von zeitraubenden
Routineaufgaben zumindest teilweise entlasten können. Ein

ähnlicher Service ist durch die Dienstleistung der JOB-Vermittlungsstellen der Arbeitsagenturen oder auch kirchliche Einrichtungen zur Berufsförderung für Beschäftigte mit Handicaps (teilweise mit Kostenübernahme) möglich.

Sehr bewährt hat es sich in vielen Unternehmen, für solche Hilfsdienste Familienangehörige von Mitarbeitern übergangsweise zu beschäftigen. Bei diesen Familienangehörigen ist in der Regel eine höhere Motivation als bei Außenstehenden vorauszusetzen.

In manchen Fällen wird dabei aber zu wenig berücksichtigt, dass dieser neue Mitarbeiter nicht aus dem Stand seine Aufgaben erledigen kann, sondern eine unterschiedlich lange Zeit der Einarbeitung benötigt. Außerdem werden in vielen Fällen Spezialisten gebraucht, die nur mit großem Glück tatsächlich zu finden sind. Hinzu kommt die ungewisse Umsatzentwicklung oder unvorhergesehene Personalabgänge. Außerdem hegen viele Unternehmer nicht nur in Hinblick auf die Anzahl der neuen Mitarbeiter und ihre Qualifikation spezielle Erwartungen, sondern auch und gerade in Hinblick auf ihre charakterlichen Eigenschaften.

29. Anwerbemaßnahmen - "Head-Hunter"

In dieser Mangelsituation setzen manche Unternehmer auf die Abwerbungsmöglichkeiten durch sogenannte "Head-Hunter". Derartige Abwerbemaßnahmen haben sich im Mittelstand insgesamt nicht bewährt, da damit nur selten eine Stelle längerfristig besetzt werden kann. Außerdem bringen sie das betriebliche Entlohnungssystem durcheinander. Wesentlich aussichtsreicher ist es in der Regel, die Mitarbeiter durch Ausbildung oder wechselnde Einsatzgebiete flexibel und möglichst universell einsetzbar zu machen.

Beispiel 029: Abwerbe-Erfahrungen eines Technikers
Der Inhaber eines besonders innovativen Technikunternehmens hatte es bereits mehrfach geschafft, besonders kreative und leistungsbereite Mitarbeiter oder Jungmeister aus anderen Unternehmen abzuwerben und zumindest in der ersten Zeit sehr erfolgreich in sein Team zu integrieren.

Im Laufe der Zeit musste er jedoch die Erfahrung machen, dass sich diese talentierten Mitarbeiter auch überdurchschnittlich flexibel an die Möglichkeiten des Arbeitsmarktes anpassten. Gern ließen sie sich auch wieder abwerben. Dies war für die betroffenen Mitarbeiter teilweise außerordentlich interessant, weil solche Abwerbungen stets mit einer ansehnlichen Einkommenssteigerung verbunden waren.

Für den Inhaber wandelten sich bei solchen Abwanderungen die errungenen Vorteile, die von den neuen Mitarbeitern ausgingen schnell zu Nachteilen, da sie in der Regel kurzfristig nicht zu ersetzen waren. Erst als er dazu überging, eigene „Leute" umfangreich fortzubilden konnte er die Mitarbeiterabwanderung stoppen.

Die Mitarbeiter anerkannten die Bemühungen ihres Chefs um ihre Fortbildung. Sie akzeptierten eine Regelung in ihren Arbeitsverträgen, nach der sie die Kosten für innerbetriebliche Fortbildung zurückzahlen mussten, wenn sie vorzeitig das Arbeitsverhältnis aus keinem wichtigen Grund auflösten. Um die Rückzahlung dieser Fortbildungsgebühren zu vermeiden, blieben jetzt die guten, talentierten Mitarbeiter dem Unternehmen erhalten. Die Mitarbeiter erzählten es jetzt ihrem Chef, wenn sie wieder einmal von einem "Head-Hunter" angesprochen worden waren. Sie erklärten, dass sie erkannt hätten, welche Vorteile eine längerfristige Verweildauer in ihrem Unternehmen bieten würde.

30. Flexibilität durch Personalplanung

Insgesamt werden die Möglichkeiten der Flexibilisierung des Personaleinsatzes, sei es durch Personalentwicklungsmaßnahmen oder durch Leiharbeitnehmer, noch viel zu wenig genutzt, da eine wesentliche Grundvoraussetzung fehlt, nämlich eine mittel- oder langfristige Personalplanung.

Die wenigsten Arbeitgeber sind sich darüber im Klaren, genau wie viele Mitarbeiter sie mit einer bestimmten Qualifikation zu welchem Zeitpunkt, wann und wo benötigen. Eine solche vorausschauende Planung sollte zumindest das nächste Vierteljahr, optimaler Weise die folgenden zwölf Monate umfassen. Auf diese Weise könnte die immer wieder zu beobachtende Hektik vermieden werden, wenn plötzlich festgestellt werden muss, dass eine übernommene Auftragsarbeit ohne zusätzliches Personal gar nicht fristgerecht erledigt werden kann!

Viele Unternehmer versuchen kurzfristig mit hohem Einsatz an Geld und Kraft diese Lücken im Personalstamm zu stopfen, leider aber ohne daraus zu lernen. Eine vorausschauende, mittelfristige Personalplanung unterbleibt dennoch. Dadurch wären auch weitere Vorteile erreichbar, zum Beispiel eine gut vorbereitete Weiterbildung für die Mitarbeiter, um auf diese Weise die benötigten Fachkräfte bereits im Hause zu haben, wenn sie künftig gebraucht werden.

Nicht zuletzt würde eine planende Vorgehensweise die Mitarbeiter beruhigen und zugleich ihre Motivation erhöhen, sich für ihre Firma einzusetzen, da sie sich darauf verlassen können, dass Personalentscheidungen nicht spontan oder zufällig getroffen werden, sondern sorgfältig vorbereitet und begründet. In diese Planungen sollten die Mitarbeiter so weit wie möglich Einblick bekommen und mitentscheiden können. Es wird häufig übersehen, dass viele Motivationseinbrüche nur deshalb auftreten, weil die Mitarbeiter nicht umfassend und rechtzeitig genug informiert wurden.

Beispiel 030: Unflexible Mitarbeiter
In einem mittelständischen Produktionsunternehmen sollte eine neue Arbeitsorganisation statt des bisherigen Schichtbetriebs eingeführt werden. Die Mitarbeiter nahmen dazu zunächst eine sehr kritische Haltung ein. Sie führten mehrere Gründe an, weshalb die neue Organisationsform Nachteile hätte.

Der Inhaber schickte daraufhin einige der aufgeschlosseneren Mitarbeiter zu einem Partnerunternehmen, wo die neu flexible Arbeitsorganisation bereits eingeführt worden war. Er ließ sie dann berichten, was sie an positiven aber auch an negativen Konsequenzen beobachtet hatten. Dieser ehrliche Umgang mit Vor- und Nachteilen brachte die Mitarbeiter dazu, ihre Bedenken gegen die Neuerungen zurückzustellen und es mit der neuen Organisationsform zu versuchen.

31. Produktionseinbrüche vermindern

Das grundsätzliche Vorplanen in Personalangelegenheiten wäre gerade für kleine und mittlere Unternehmen besonders wichtig, da der Ausfall einer einzigen Person sich schnell produktionsmindernd auswirkt, da sie nicht einfach durch andere Mitarbeiter ausgeglichen werden kann, wie das beispielsweise in großen Firmen möglich wäre. Fällt in einem Kleinbetrieb mit zehn Mitarbeitern einer aus, sind das gleich 10% der Belegschaft. In einem Großunternehmen mit über 100 Mitarbeitern dagegen wäre das nicht einmal ein Prozent der Mitarbeiterschaft.

Außerdem sind Klein- und Mittelbetriebe stärker als andere Unternehmen auf hochmotivierte Mitarbeiter angewiesen, da bei ihm Qualität und Service neben dem Preis entscheidende Wettbewerbsvorteile gegenüber großen Firmen sind. In solchen Betrieben sind hochmotivierte und leistungsstarke Mitarbeiter nicht selten in der Lage, entsprechende technologische Nachteile, eine geringere Maschinenausstattung oder dergleichen mit Einfallsreichtum und Geschick auszugleichen.

Beispiel 031: Geschickte Handarbeit
In einem mittelständischen Industrieunternehmen gab es einen sehr erfahrenen Schmiedemeister, dem es nur mit geschickten Hammerschlägen gelang, Risse in Rohrleitungen zu reparieren. Wenn also aus einem Metallrohr Dampf oder Flüssigkeit austrat, musste nur dieser Mitarbeiter gerufen werden, der dann mit gezielten Hammerschlägen den Riss in der Metallwand der Rohre wieder verschloss.

Der Arbeitgeber sparte auf diese Weise erhebliche Kosten, die eine Abschaltung des gesamten Rohrleitungssystems, deren Entleerung und der Austausch der Rohre sehr teuer geworden wäre. Der Mitarbeiter bekam für jede erfolgreiche Reparatur eine Prämie als Dankeschön.

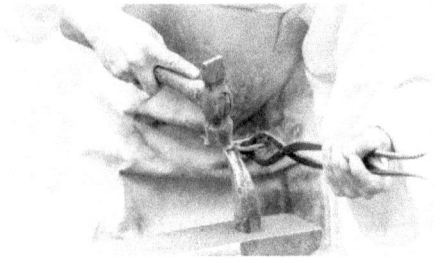

32. Breite Aus- und Weiterbildung

Eine wichtige Voraussetzung für die möglichst breite
Einsatzfähigkeit der Mitarbeiter bildet eine gründliche Aus-
und Weiterbildung. Auch wenn sich manche Arbeitgeber
aus Kostengründen oder wegen der häufigen
Berufsschultage scheuen, regelmäßig Lehrlinge auszubilden,
stellen eingearbeitete und motivierte Lehrlinge immer noch
das beste Reservoir bei einer plötzlich auftretenden
Personalknappheit dar.

In den meisten Betrieben können Auszubildende ab dem
zweiten Lehrjahr zumindest teilweise für reguläre
Mitarbeiterarbeiten eingesetzt werden. Sie kennen die
Qualitätsansprüche des Unternehmens und nicht zuletzt
auch die Kollegen und die Kunden.

Beispiel 032: Lehrlingsförderung
*In einem Unternehmen hatte der Inhaber den besonderen Ehrgeiz
entwickelt, regelmäßig die innungsbesten Lehrlinge auszubilden. Er
versprach sich davon bei seinen Auszubildenden zum einen eine höhere
Lernmotivation zu erzielen. Zugleich konnte er sie früher als üblich bei
normalen Baustelleneinsätzen regulär einsetzen.*

*Zwar mussten der Inhaber und seine beiden Meister regelmäßig
zusätzliche Arbeitszeit investieren, um die Auszubildenden in neue
Geräte und Arbeitsweisen einzuführen, aber die Auszubildenden
dankten es ihm zum einen durch ein überdurchschnittliches
Engagement für ihr Unternehmen, zum anderen durch die Bereitschaft
zu Überstunden. Bereits während der Ausbildung hatten sie speziell
am Freitagnachmittag an speziellen Weiterbildungsseminaren
teilgenommen. Auf diese Weise waren sie daran gewöhnt, dass
gelegentlich auch in der Freizeit Weiterbildungsveranstaltungen*

stattfanden. Die übrigen Mitarbeiter wurden nach und nach in solche Fortbildungsseminare innerbetrieblich mit einbezogen.

Entscheidende Vorteile allerdings erwuchsen dem Inhaber daraus, dass diese Mitarbeiter auf Grund ihrer besonders intensiven Ausbildung sehr selbständig arbeiteten. Dadurch musste er insgesamt weniger Gesamtausbildungszeit investieren, da er gleich zu Anfang sehr anspruchsvoll begonnen hatte. Unterstützt wurden diese Motivationsmaßnahmen durch mehrere innerbetriebliche Wettbewerbe mit attraktiven Preisen (Wochenende in Paris usw.), die den Leistungsgedanken bei den Auszubildenden zusätzlich förderten.

Jeder Ausbilder trägt die Verantwortung dafür, dass es bei den Lehrlingen nicht zu betriebsbedingten Motivationseinbrüchen kommt. Die in der Regel bestehende Anfangsmotivation soll erhalten und gefördert werden. Wer allerdings seine Ausbildungsaufgaben nur mit "halbem Herzen" oder "gezwungenermaßen" erfüllt, darf sich nicht wundern, wenn als Reaktion die Einsatzbereitschaft der nachfolgenden Mitarbeitergenerationen ebenfalls nachlässt.

33. Einbeziehung ehemaliger Mitarbeiter

Aus den gleichen Gründen sollte der Unternehmer auch zu ehemaligen, insbesondere in den Ruhestand getretenen Mitarbeitern Kontakte pflegen. Sie kennen die Gegebenheiten des Unternehmens sehr genau, die ein Neueinsteiger erst mühsam kennenlernen muss. Sie verfügen in der Regel über eine große Erfahrung, sowie umfangreiche Fachkenntnisse.

Diese Mitarbeiter bilden nicht nur ein zusätzliches Personalreservoir für besondere Einsätze, sondern können insbesondere bei der Ausbildung von Lehrlingen und bei der Erledigung von Kleinreparaturen, Service-Arbeiten oder bei der Behebung von Reklamationen hervorragend eingesetzt werden. Sie könnten als geringfügig Beschäftigte zudem mit relativ geringem Kostenaufwand beschäftigt werden.

Beispiel 033: Ehemalige als Personalreserve

In einem alteingesessenen technischen Unternehmen gab es eine Reihe von ehemaligen Mitarbeitern, zu denen der Inhaber noch immer engen Kontakt pflegte, sei es bei gemeinsamen Weihnachtsfeiern oder anlässlich von Geburtstagen oder Jubiläen. Er konnte daher seinen ehemaligen Mitarbeitern immer wieder ermöglichen, mit den derzeitigen Beschäftigten in Kontakt zu bleiben. Auf diese Weise verloren sie nie ganz den Anschluss an das Firmengeschehen. Sie blieben auch technisch auf der Höhe der Zeit, weil ihnen die neu angeschafften Geräte vorgeführt wurden.

Auf diese Weise konnte der Unternehmer bei Sonderaufträgen und insbesondere bei Reklamationen immer wieder auf diese erfahrenen, ehemaligen Mitarbeiter zurückgreifen, die gerne für ein kleines Geld zu den Kunden hinausfuhren. Manchmal zählten sie auch nicht die Stunden so genau, die sie tatsächlich zur Reparatur benötigten.

Die Kunden waren andererseits hochzufrieden, dass solche erfahrene und in der Regel auch geschickte und umgängliche Mitarbeiter gekommen waren, die die Reparatur ernstnahmen und erfolgreich erledigten.

Der rechtzeitige Aufbau und die Pflege einer solchen Personalreserve verschafft den Arbeitgebern eine gewisse Sicherheit, wenn plötzlich und unvorhersehbar Mitarbeiter ausfallen oder zusätzliche Arbeitseinsätze nötig werden. Dieser Gesichtspunkt der Absicherung gewinnt in der derzeitigen Wirtschaftslage immer mehr an Bedeutung, weil langfristige Umsatzprognosen auf Grund des enger werdenden Marktes immer schwieriger sind. Gut ausgebildetes und einsatzbereites Personal ist auf dem Arbeitsmarkt immer seltener zu finden.

Die Voraussetzung dafür bildet aber eine rationale und gründliche Personalplanung, die möglichst viele wirtschaftliche und betriebliche Rahmendaten berücksichtigt. Konsequenterweise muss sie regelmäßig überarbeitet werden.

34. Erfolgreiche und zielgerichtete Einarbeitung

Nur wer gut ausbildet, kann auch gute Lehrlinge bekommen, aus denen später erfolgreiche Mitarbeiter für das Unternehmen werden können. Schon in der Bibel steht die alte Bauernweisheit: "Wer ernten will, der muss auch säen" (Gal. 6, 7).

Viele Arbeitgeber beklagen, dass das Niveau der Auszubildenden immer schlechter werde, während auf der anderen Seite die Anforderungen steigen. Hier muss die Frage erlaubt sein, ob die Ausbilder und Ausbildenden an dieser Fehlentwicklung nicht eine gewisse Mitschuld trifft, wenn sie sich ihrer Ausbildungsfunktion nur unzureichend oder halbherzig widmen.

Allenthalben wird über den geringen Kenntnisstand, die Rechtschreib- und Leseschwäche, sowie Mathematikmängel aus den Schulen geklagt, aber kaum ein Unternehmer stellt sich einmal selbst in der Schule vor, um auf diese Probleme aufmerksam zu machen. Viele Lehrer in der Hauptschule meinen, dass in der Lehrzeit beziehungsweise in der Berufsschule das spezielle Fachwissen aus dem jeweiligen Gewerk vermittelt werden würde und sie daher nur allgemeine Grundlagen legen müssten.

Sie übersehen dabei, dass in vielen Berufen die Ausbildungsanforderungen derartig gestiegen sind, dass die drei- oder dreieinhalbjährige Ausbildungszeit vollgestopft ist mit der Vermittlung von Spezialwissen. Es bleibt kaum Zeit, eventuelle Defizite im Grundlagenwissen nachzuholen. Hier wäre ein kooperatives Miteinander von Schulerziehung und aufbauender Berufsausbildung dringend nötig!

Andererseits treffen Meister, die sich zu einem Weg in die Schule aufraffen und dort für ihren Handwerksberuf Interesse wecken möchten, gelegentlich auf argwöhnische Lehrer, die die Gefahr sehen, dass sich hier "Privatleute" in Schulangelegenheiten einmischen wollten. Dabei verbreiten sie womöglich Informationen, die dem Weltbild des einen oder anderen Lehrers und seinen Unterrichtsinhalten widersprechen könnten.

Beispiel 034: Vorurteile gegen das Handwerk
Dem Verfasser ist des Öfteren zu Ohren gekommen, dass Lehrer aus den verschiedenen Schultypen völlig überkommene Vorstellungen von dem "schmutzigen" Beruf des Handwerkers vermittelten. Sie empfehlen den Schülern so genannte "Weißer-Kragen-Beruf". Sie lassen dabei völlig außer Acht, welch hohe Arbeitszufriedenheit bei Erwerbstätigen im Handwerk größtenteils zu verzeichnen ist. Das drückt sich nicht zuletzt in den wesentlich höheren Umschulungs-Prozentzahlen in den so genannten "sauberen" Berufen aus.

Aber auch von Seiten der Unternehmer ist ein nicht unerhebliches Maß an Unverständnis für die immer schwieriger und komplexer werdenden Erziehungsaufgaben von Lehrern an allgemeinbildenden Schulen festzustellen. So sind zwischen Lehrern und Ausbildern vielerorts Missverständnisse festzustellen, die zu einer nachhaltigen Störung des gesamten Erziehungsauftrages führen. Sie sollten durch kooperatives Zugehen auf die andere Seite zumindest regional verbessert werden.

Zusammenfassend muss daher festgestellt werden, dass es in der Regel an den ersten Arbeitstagen eines neuen Auszubildenden eine Reihe von Missverständnissen und Fehlinformationen zu korrigieren gibt, die das zwangsläufige Ergebnis solcher Kommunikationsprobleme sind.

Entsprechend geduldig und liebevoll sollte der junge
Mensch am ersten Tag seiner Ausbildung auf seine neuen
Pflichten und Rechte hingewiesen werden. Entsprechend
wenig darf der verständige Ausbilder voraussetzen.

35. „Den ersten Tag vergisst man nicht!"

Ein erstes, nachhaltig beeindruckendes Erlebnis von einem neuen Lebensabschnitt prägt häufig die ganze Erinnerung an diesen möglicherweise mehrjährigen Verlauf. Es taucht ihn gleichermaßen in ein entsprechend positives oder negatives Licht. Viele Menschen denken in dieser Weise häufig positiv an ihren ersten Schultag zurück, weil der in aller Regel mit einer netten Feierlichkeit begann, einem ersten Kennenlernen im Unterricht und vielleicht einem ersten kleinen Unterrichtsabschnitt.

Selbst wenn sich die hieran anschließende mehrjährige Schulzeit vielleicht nicht so erfreulich entwickelte, der Anfang wurde in vielen Fällen positiv erlebt, als spannungsgeladen, vielleicht sogar aufregend. Währenddessen über den ersten Ausbildungstag bei einem neuen Arbeitgeber oftmals nicht so positive Erinnerungen aufbewahrt werden.

Der Auszubildende wurde hier vielleicht nur kurz begrüßt. Dann bekam er mit der Bemerkung "Lehrjahre sind keine Herrenjahre!" einen Besen in die Hand gedrückt. Oder er musste sich erst einmal die verbreiteten Neckereien der älteren Lehrlinge gefallen lassen, wie etwa die Aufforderung: "Geh' mal ins Lager und hol' die Gewichte für die Wasserwaage!"

Hier wurde vom Ausbildenden nicht die nötige Vorsorge getroffen, dass die Auszubildenden gleich am ersten Tag einen positiven Eindruck von ihrer künftigen Ausbildungszeit erhalten. Die Folge ist möglicherweise ein schwerwiegender Motivationseinbruch, der sich so schnell nicht wieder reparieren lässt und möglicherweise als Verletzung langfristig gespeichert wird.

Deshalb ist es von besonderer Bedeutung, den ersten Ausbildungstag sorgfältig vorzuplanen, mit allen Mitarbeitern darüber ausführlich zu sprechen. Durch eine entsprechende Vorbereitung ist zu verhindern, dass die beschriebenen Negativprägungen eintreten.

Sinnvoll wäre es beispielsweise, sich dem neuen Auszubildenden erst einmal persönlich vorzustellen, sie ausführlich überall herumzuführen, etwas über die Geschichte des Unternehmens zu berichten und vor allen Dingen sie bei den wichtigsten Mitarbeitern vorzustellen. Anschließend sollte der neue Firmenangehörige seinen Arbeitsplatz, seinen Spind (mit seinem Namensschildchen!) und die Sozialräume gezeigt bekommen.

Beispiel 035: Der überraschende Lehrling
In einem mittelständischen Ausbildungsbetrieb war es in den vergangenen Jahren immer wieder zu Auseinandersetzungen über Fragen der Ausbildung gekommen, so dass der Inhaber schon überlegt hatte, ob er die Ausbildungsanstrengungen nicht einstellen sollte. Schließlich hatte er sich doch entschlossen, einen neuen Lehrling aufzunehmen, der dann Anfang August, wie verabredet, in der Firma erschien.

Leider war ausgerechnet an diesem Tag der Chef selbst nicht da. Keiner wusste Bescheid. Die übrigen Mitarbeiter waren der Meinung, dass der Chef eigentlich gar nicht mehr ausbilden wollte. Sie zeigten sich jetzt sehr erstaunt darüber, dass nun doch unerwarteter Weise ein Lehrling im Haus stand, für dessen Eintritt in die Firma nichts vorbereitet war. Es ist leicht vorstellbar, wie enttäuscht der junge Mann über diesen unfreundlichen Empfang an seinem ersten Arbeitstag war. Es brauchte lange Zeit bis er diese Verletzung überwunden hatte. Der Chef wiederum sah sich in seinen Vorbehalten gegen die Lehrlingsausbildung bestärkt.

36. Erfolgserlebnisse im neuen Beruf

Es hat sich bewährt, den Lehrlingen an ihrem ersten Tag
eine überschaubare, aber dennoch mit gewissen
Anforderungen verbundene Übungsaufgabe zuzuweisen, im
Kfz-Mechaniker-Handwerk beispielsweise das Abmontieren
eines Autoreifens. In einer Tischlerei könnte dem Lehrling
an seinem ersten Arbeitstag gezeigt werden, wie er ein
kleines Vogelhaus aus Holzresten zusammenbaut, dass er
dann stolz mit nach Hause nehmen darf!

Für viele alteingesessenen Unternehmer ist offensichtlich
die Verführung groß, die jungen Menschen
annäherungsweise Ähnliches erleben zu lassen, was ihm
selbst zu Beginn seiner Lehrzeit widerfuhr. Der junge Azubi
wird zunächst mit sehr langweiligen und eintönigen
Arbeiten oder Übungen beschäftigt, beispielsweise Schleifen
oder Feilen, deren Sinn er an den ersten Tagen noch gar

nicht erfassen kann. Es kommt ihm eventuelle wie eine „Beschäftigungstherapie" vor.

Hier wäre es wichtig, einen Bezug zum Alltag herzustellen, etwas nachvollziehbar Sinnstiftendes ausführen zu lassen, worüber er in seinem Freundeskreis oder bei den Eltern stolz berichte kann. Damit entsteht außerdem für die Firma eine positive Mund-zu-Mund-Propaganda. Bei den jungen Menschen selbst werden größere Frustrationserscheinungen vermieden.

Beispiel 036: Visitenkarten für den Lehrling
Bei einem Arbeitgeber bekamen die neuen Auszubildenden gleich am ersten Tag einen Stapel mit 100 Visitenkarten ausgehändigt, die sie dann in ihrem Freundes- und Bekanntenkreis verteilen konnten. Auf diese Weise entstand für das Unternehmen eine positive Imagewerbung unter anderen Lehrlingen, die auch gerne eine solche Visitenkarte an ihrem ersten Arbeitstag von ihren Ausbildenden bekommen hätten.

In einem Familienunternehmen beispielsweise wäre es für die erfolgreiche Einarbeitung des jungen Menschen von entscheidender Bedeutung, dass er gleich am ersten Tag einen freundlich, positiven Kontakt zur Familie des Inhabers aufnimmt und sich für dieses erste Kennenlernen die Familienmitglieder Zeit nehmen. Der Inhaber könnte beispielsweise in einer Fotomappe dokumentierte, besonders erfolgreiche Projekte vorführen und in der Werkstatt halbfertige Auftragsarbeiten.

Anschließend könnte die Inhaberin den häufig von ihr verwalteten Bereich der Buchführung und der Außendarstellung, sowie der Personalstruktur vorführen, damit der junge Mensch einen Orientierungsrahmen bekommt, innerhalb dessen er sich künftig bewegen soll.

Gut geeignet wäre für eine solche Übersicht eine zu einem Organigramm zusammengefasste Systematik von Stellenbeschreibungen.

Optimal wäre eine Einführung eines neuen Mitarbeiters oder Lehrlings mit Hilfe der Vorbereitungsschritte aus dem Projektmanagement:

1. Das Ziele ist die schnelle und gründliche Einführung und Einarbeitung in das neue Unternehmen. Alle beteiligten Vorgesetzten wissen Bescheid und sind damit einverstanden.
2. Der Grad der Einarbeitung wird definiert und dadurch messbar gemacht.
3. Die einzelnen Zielpunkte sind vollständig aufgelistet und widersprechen sich nicht.
4. Der Zeitplan für das Erreichen der einzelnen Zielpunkte ist realistisch und durchführbar.

Erst nach einem ausführlichen, von einer gemeinsamen Tasse Kaffee begleiteten Einführungsgespräch sollte der Auszubildende herumgeführt werden, um die einzelnen

Unternehmensteile sowie die anwesenden Mitarbeiter kennenzulernen. Auf diese Weise wird vermieden, dass der neue Lehrling aus einem unglücklich Zufall heraus als erstes auf einen frustrierten oder demotivierten Mitarbeiter trifft, der ihm ein relativ negatives Bild seines neuen Arbeitgebers vermittelt, das dann eventuell erst mühsam korrigiert werden muss. Für die Einführung müssen der Inhaber und seine Ehefrau aus pädagogisch-psychologischen Gründen "gute Miene zum schwierigen Geschäftsgang" machen. Sie sollten dem jungen Menschen eine positive Einstiegsmotivation vermitteln.

Bei dem Rundgang durch die Firma sollten aber auch die unschönen Ecken gezeigt werden, um dem neuen Mitarbeiter ehrlich gegenüberzutreten. Es wäre äußerst peinlich, wenn der Chef alles in den schönsten Farben beschrieben hätte und schon der erste Blick unter den Teppich zeigt, dass diese Berichte sehr geschönt waren.

Wenn der junge Mensch jetzt nach dieser Einführung und Berichten über die Hintergründe am Nachmittag auf seine neuen Kollegen trifft, ist er durch die entsprechenden Vorinformationen in geeigneter Weise vorgewarnt, wird nicht jede lästerliche Bemerkung auf die Goldwaage legen. Er kann sie schon ein bisschen realistischer einschätzen. So macht sich der nicht unerhebliche Arbeitsaufwand einer gelungenen Einarbeitung sich doch recht schnell bezahlt. Der neue Mitarbeiter kann bereits nach kurzer Einarbeitung motiviert tätig werden. Er weiß gleich vom ersten Tag an Bescheid, an wem er sich orientieren sollte und an wem weniger.

37. Unterforderung ist schlimmer als Überforderung

Fast alle jungen Menschen werden eine neue
Ausbildungsstelle mit erheblicher Aufregung und
Anspannung antreten. Vielleicht träumen sie in ihrer
Phantasie davon, was sie in Kürze alles können und bauen
werden. Diese Gedankenspiele sind natürlich umso stärker,
je präziser die neue Lehrstelle dem ursprünglichen
Berufswunsch entspricht. Aber auch im Falle, dass der
Auszubildende nicht in seinem Traumberuf eine Stelle
erobert hat, freut er sich, einen Ausbildungsplatz gefunden
zu haben. Er wird nun in eine Phase der gespannten
Erwartung eintreten, was die neue Ausbildung an
Möglichkeiten für ihn bereithält.

Angesichts dieser erwartungsfrohen psychologischen
Voraussetzungen wäre es extrem demotivierend, wenn der
junge Mensch jetzt mit langweiligen, unbedeutenden oder
gar erniedrigenden, läppischen Arbeitsaufgaben konfrontiert
werden würde, die zwar irgendwann im Lauf der
Ausbildung einmal durchlitten werden müssen, die aber
keinesfalls am Anfang stehen dürfen, um die beschriebenen
Demotivationen nach Möglichkeit zu vermeiden. Es kann in
der heutigen Situation des Lehrlingsmangels sein, dass er
sehr schnell und überraschend den Ausbildungsplatz
wechselt!

Alle Erfahrung zeigt, dass der Ausbilder in seiner
Unsicherheit, welche Aufgabe für den jungen Menschen
nun die richtige wäre, er ruhig eine etwas schwierigere
auswählen darf, die dem Neuling einiges Kopfzerbrechen
und eventuell körperliche Anstrengung abverlangt. Aber
gerade deshalb kann sie im Fall eines positiven Ergebnisses
zu einem schönen Erfolgserlebnis werden. Wenn zudem am
Ende einer solchen gelungenen Ausbildungseinheit

beispielsweise der Tischlerlehrling ein von ihm selbst gefertigtes Schränkchen mit nach Hause nehmen darf, wird er in der Regel an diesen ersten beruflichen Durchbruch immer wieder gern zurückdenken und sich damit selbst in Zeiten motivieren können, wenn es ihm nicht so gut geht.

Im Falle von Unterforderung dagegen zweifelt der Mitarbeiter eventuell an der Richtigkeit seiner Berufswahl. Noch ungünstiger wäre es, wenn er das Gefühl hätte, ungewollt oder gar überflüssig zu sein. Solche Demotivationen gleich am Anfang haben leider in aller Regel eine langfristig prägende Wirkung, wenn er beispielsweise wochenlag nur fegen oder aufräumen darf. Es kann sein, dass sich ein Mitarbeiter von einer solchen Demotivation ein ganzes Arbeitsleben nicht mehr erholt.

Beispiel 037: Goethes Beitrag zur Personalentwicklung
Schon der alte Goethe hat von der Möglichkeit des positiven Motivationsmarketings gewusst als er feststellte: „Behandle die Menschen, wie sie sind und sie werden schlechter; behandle sie, wie sie sein könnten und sie werden besser!"

38. Personalentwicklung und Fortbildung

Die einmalige Ausbildung in einem Beruf reicht zur
Bewältigung der täglichen Aufgaben in kaum einer Branche
aus, am wenigsten in technischen und innovativen oder IT-
Arbeitsbereichen. Andererseits müssen sich die Arbeitgeber
hier auf die Kenntnisse und Fertigkeiten der einzelnen
Mitarbeiter verlassen können.

Deshalb ist für diese Unternehmen die ständige Fortbildung
unverzichtbar. Sie geht in der Regel von einer soliden
betrieblichen und schulischen beziehungsweise
überbetrieblichen Ausbildung aus, die die Grundlage für alle
weiteren Fortbildungen schafft. Dieses Wissen und Können
wird durch die gesammelten praktischen Erfahrungen weiter
vertieft. Es folgt danach als dritter Schritt im betrieblichen
Ausbildungsgang die Einübung der täglichen Routine. Der
zusammenfassende Begriff für diese drei Bildungsschritte
lautet „Mitarbeiterentwicklung".

Beispiel 038: Dreischritt der Mitarbeiterentwicklung
Beispiel Flugdrohnen
1. Ausbildung
2. Erfahrung
3. Routine

Am Beispiel der modernen Kontrollmöglichkeiten mit Kameradrohnen
soll dieser Dreischritt erläutert werden. Im ersten Schritt werden die
theoretischen Kenntnisse im Zusammenhang mit einem Multikopter
erläutert, die Aerodynamik, die zu beachtenden Vorschiften,
Wetterkunde usw. Anschließend werden praktische Übungen
durchgeführt.

Im zweiten Schritt sammelt der Drohnen-Pilot erste Erfahrungen im Alltag, zum Beispiel bei Kontrollflügen in einem Lager oder bei Überwachungsaufgaben. Vielleicht werden mit dem Kopter auch erste kleinere Transporte durchgeführt.

Im dritten Schritt sammelt der Pilot von Flugrobotern Routine. Er kann jetzt genau einschätzen, was er machen muss, um beispielsweise optimale Fotos von Häusern oder Straßen von oben aufzunehmen. Er weiß auch, welche Vorschriften er beachten muss und wo er eine Flugerlaubnis beantragen muss.

Der Mitarbeiter sollte sich nicht mit Widerwillen, sondern mit einer positiven Grundhaltung dem Alltag stellen. Das tägliche Arbeiten bedeutet nicht in erster Linie Abwesenheit von Freizeit, sondern Sinngebung und Lebenserfüllung. Schließlich verbringt der Mensch, nachdem er etwa ein Drittel seines Lebens schlicht verschlafen hat, den größten Teil seines wachen Daseins mit selbst- oder fremdbestimmter Arbeit.

Schon vor etwa dreitausend Jahren wurde in der Bibel im neunzigsten Psalm, Vers 10, festgestellt: "Unser Leben währte siebzig Jahre, und wenn's hochkommt, so sind's achtzig Jahre, und wenn's köstlich gewesen ist, so ist es Mühe und Arbeit gewesen." (Übersetzung von M. Luther)

Schon im Jahre 1960 hat diese grundlegende Wahrheit Douglas McGregor in seinem bahnbrechenden Werk "The Human Side of Enterprice" aufgegriffen und erklärt, dass nach seiner "Y-Theorie" Arbeit genauso zum Menschen dazugehört, wie Sport oder Spiel.

Seit dieser Zeit versuchen Motivationspsychologen immer neue Hilfsmittel zu finden, um die Menschen zu höherer und exakterer Arbeitsleistung zu veranlassen. So verdienstvoll viele dieser Ansätze auch sein mögen, im Kernpunkt geht es darum anzuerkennen, dass das Arbeiten in täglicher Routine, dass Belastung und Anstrengung als ganz natürliche Aufgabe eines jeden Menschen zum Leben dazugehört.

Diese positive Haltung zur Arbeit insgesamt muss auch vom Chef und seinem Führungsteam vorgelebt werden, wenn der Mitarbeiter es glauben und nachahmen soll.

Hier gilt das alte Sprichwort, "Wie der Herr - so sein Gescherr" beziehungsweise wie es die Norddeutschen in aller Deutlichkeit sagen: "Der Fisch stinkt am Kopf zuerst". Das heißt, wenn die Unternehmensleitung keine positive und motivierte Einstellung zur Arbeit hat, dann kann diese auch von den Mitarbeitern nicht erwartet werden.

Ein weiterer wesentlicher Faktor ist die immer schneller werdende Weiterentwicklung des zur Verfügung stehenden Fachwissens. Es wird hier in so genannten Halbwertzeiten gerechnet, das heißt, nach einem bestimmten Zeitablauf ist das verfügbare Wissen nur noch die Hälfte wert, weil sich die wissenschaftlichen Grundlagen wesentlich geändert oder ausgeweitet haben.

Rechnete man beispielsweise vor einem Jahrzehnt in der Medizin noch mit Halbwertzeiten von sieben Jahren, so hat sich dieser Zeitraum heute auf fünf bis sechs Jahre verkürzt. Konkret heißt das, ein Arzt, der vor sechs Jahren sein Examen mit „sehr gut" gemacht hat und sich in der Zwischenzeit nicht weiter fortgebildet hat, verfügt nur noch über die Hälfte des aktuell verfügbaren Fachwissens. Er würde also das Staatsexamen nicht mehr bestehen! An diesem Beispiel wird deutlich, wie wichtig die kontinuierliche Weiterbildung geworden ist.

Es ist nicht absehbar, dass sich diese Wissensentwicklung in den nächsten Jahren verlangsamt, sondern es ist im Gegenteil damit zu rechnen, dass sich unser Wissensfortschritt weiter beschleunigen wird. Beim Datenverarbeitungskaufmann ist die Halbwertzeit bereits auf 18 Monate geschrumpft; wer aus dieser Berufsgruppe also eine der wichtigen Computermessen verpasst, hat sehr schnell den Anschluss an sein Fachwissen verloren.

39. Aktuelles Fachwissen ist Holschuld!

Über Leistungsbereitschaft und Einsatzfreude hinaus
erwarten die Unternehmen von Ihren Mitarbeitern
kompetente Erfahrungen und Kenntnisse über alle mit dem
Produkt oder der Dienstleistung zusammenhängenden
Aspekte. Jeder Mitarbeiter ist verpflichtet, mit eigenen
Informationsbemühungen solche Wissenslücken
baldmöglichst aufzufüllen.

Die Juristen unterscheiden eine Bringschuld, wenn der
Ausbilder beispielsweise eine Information bringen muss, um
den Lehrling vernünftig auszubilden – und andererseits eine
Holschuld, wenn die Mitarbeiter ihrerseits Nachfragen
müssen, wenn ihnen etwas unklar geblieben ist.

Beispiel 039: Wettbewerb Mitarbeiterwissen
*In einem mittelständischen Unternehmen legte der Inhaber großen
Wert auf das gute Fachwissen seiner Beschäftigten. Daher veranstaltete
er regelmäßig so genannte „Frühseminare" vor Dienstbeginn. Zum
Abschluss dieser Fortbildungen ließ er regelmäßig Fragebögen verteilen,
in denen die Teilnehmer das gelernte Wissen nachweisen mussten.*

Diese Tests wurden zunächst kritisch kommentiert: „Wir sind doch hier nicht in der Schule". Im Laufe der Zeit gewöhnten sich die Mitarbeiter aber daran. Sie bemerkten, dass sie das Wissen aus den Seminaren schneller und gründlicher aufnahmen und im Beratungsgespräch besser anwenden konnten. Das sprach sich auch in der Kundschaft herum und förderte das Image des Unternehmens.

Es ist für Kunden äußerst lästig, wenn sie feststellen müssen, dass sich der Mitarbeiter kaum etwas von ihren Schilderungen merkt, sondern wiederholt nachfragt. Es entsteht hier das Gefühl, als Gesprächspartner nicht ernst genommen zu werden, was den „Kaufreiz" erlahmen lässt. Solche Kundengespräche sollten daher immer wieder geübt werden.

40. Rechtzeitige Förderung der Mitarbeiter

"Abnutzungserscheinungen" bei seinen Mitarbeitern muss ein Arbeitgeber rechtzeitig erkennen und entsprechende Gegenmaßnahmen einleiten, wie zum Beispiel durch die Übertragung eines neuen Verantwortungsgebietes oder den allmählichen Aufbau einer Führungsposition. Nicht zuletzt aus diesem Grunde sollte der Chef mit seinen Beschäftigten, insbesondere seinen erfahrenen Mitarbeitern, immer im Gespräch bleiben, um rechtzeitig zu merken, wann jemand beginnt, sich grundsätzliche Gedanken über seine Arbeitsstelle zu machen.

Optimal wäre es, wenn die Mitarbeiter ein alternatives Stellenangebot als erstes mit dem eigenen Chef besprechen würden, da dieser dann rechtzeitig gegensteuern und ein interessantes Gegenangebot unterbreiten könnte. Je länger aber der Mitarbeiter über ein alternatives Arbeitsangebot nachdenkt, desto stärker verfestigt sich bei ihm der Gedanke an die neue Beschäftigungsperspektive. Umso schwieriger wird es werden, ihn umzustimmen.

Beispiel 040: Abwandernde Mitarbeiter
In einem mittelständischen Ausbildungsbetrieb hatte sich ausgerechnet der Ausbildungsleiter nach langem inneren Überlegungen dazu durchgerungen, seinen Arbeitgeber wegen eines verlockenden Angebots in die Großindustrie zu wechseln.

Als der Mitarbeiter seinen Chef mit dem Ergebnis seiner Überlegungen konfrontiert, war es bereits zu spät. Er hatte seine feste Absicht gefasst und der Mitarbeiter war fest entschlossen, die Firma zu wechseln. Der Arbeitgeber konnte ihn nicht mehr umstimmen.

Leider gibt es kein sicheres Frühwarnsystem, das eindeutige Signale aussendet, wenn Mitarbeiter über einen Unternehmenswechsel nachzudenken beginnen. In der Regel hängt ein solches Nachdenken mit einem allmählichen Leistungsabfall und einem Absinken der Motivation zusammen, die sich bemerkbar machen. Oft wird in diesen Fällen von den Betreffenden ein Zwischenzeugnis angefordert.

Ein weiteres Signal kann darin bestehen, dass abwanderungswillige Mitarbeiter sich jetzt negativer über ihre Firma äußern und andererseits privaten Optimismus ausstrahlen.

In diesen Fällen sollte der Vorgesetzte die Mitarbeiter zu einem Gespräch einladen und ihn direkt darauf ansprechen, dass er den Eindruck hätte, dass der Mitarbeiter abwandern wolle.

In dieser Situation werden die meisten Mitarbeiter zugeben, dass sie solche Pläne hätten und mit dem Vorgesetzten ein ehrliches Gespräch führen. Manchmal gibt es dann die Chance, den Mitarbeiter umzustimmen und zum Bleiben zu bewegen.

41. Aufbau eines erfolgreichen Motivationsmarketings

In der Literatur taucht immer häufiger der Gesichtspunkt
auf, dass die Bemühungen um gute, verlässliche Mitarbeiter
den Bemühungen um Kunden immer ähnlicher werden.
Der Erfolg einer Unternehmung hängt immer stärker von
den Beschäftigten ab. Wer sich in Zukunft am Markt
durchsetzen will, ist immer stärker auf motivierte
Mitarbeiter angewiesen.

In der neueren Management-Literatur wird festgestellt, dass
Umstrukturierungsmaßnahmen, so genanntes
„Reengineering", Lean-Management oder „Total Quality
Management" sich als Dauerschaden für das Betriebsklima
auswirkt, wenn es nicht zusammen mit den Mitarbeitern
entwickelt und eingeführt wird. Qualitätsmanagement, ohne
die Beteiligten einführen zu wollen, sei zu 80 % zum
Scheitern verurteilt.

Beispiel 041: Qualitätssicherung ohne Qualität
*In einem mittelständischen Industriebetreib sollte TQM, also Total
Quality Management, eingeführt werden. Die Mitarbeiter nickten
zwar äußerlich mit den Köpfen, als ihr Chef ihnen das mitteilte,
innerlich aber hatten sie große Bedenken. Sie fürchteten vor lauter
Dokumentationsaufgaben nicht mehr richtig zum Arbeiten zu
kommen.*

*In der Praxis „vergaßen" sie es häufig, die vorgeschriebenen
Checklisten auszufüllen. Die gesamte Auditierung geriet damit in
Gefahr. Das Unternehmen drohte, das TQM-Siegel wieder zu
verlieren. Damit wären aber wichtige Aufträge in Frage gestellt
worden. Als die Mitarbeitenden diese Zusammenhänge verstanden,
gaben sie sich wieder mehr Mühe und füllten die lästigen Listen aus.*

Neuen Mitarbeitern müssen solche Zusammenhänge erst ausführlich erklärt werden, da solche Spezialitäten den wenigsten Beschäftigten bekannt sind. Um die bereits vorhandenen beziehungsweise künftig einzustellenden Mitarbeiter für solche Neuerungen im Unternehmen zu interessieren, ist ein neues umfassendes Motivationsmarketing nötig, in das die Arbeitgeber selbst mit eingebunden sein sollten.

Die Mitarbeitenden können nur dann richtig arbeiten und eigenverantwortlich im Sinne des Unternehmens entscheiden, wenn sie auch die Hintergründe kennen. Für die Vorgesetzten bedeutet das im ersten Moment mehr Aufwand, im zweiten Schritt aber bedeutet es mehr Entlastung, weil die Mitarbeiter wissen, worum es geht.

In vielen kleinen und mittelständischen Unternehmen sind es die Chefs nicht gewohnt, alles erklären zu müssen. Sie führen noch nach dem alten Schema: "Was der Chef sagt, wird gemacht – und was er nicht sagt, wird eben nicht gemacht!"

Genau diese Verhaltensweise ist in der heutigen betrieblichen Wirklichkeit durch die Komplexität der Aufgaben überholt. Die Mitarbeitenden müssen mehr Hintergrundwissen berücksichtigen und deshalb auch ausführlicher informiert werden.

In aller Regel sind die Mitarbeiter für eine Seuche Einbindung dankbar. Sie spüren, dass der Chef sie nicht nur als abhängig Beschäftigte sieht, sondern als verantwortungsbereite Mitgestalter. Leider muss hier die Einschränkung gemacht werden, dass dazu nicht alle Mitarbeitenden bereit sind.

42. Management allein reicht nicht aus

Eine dauerhaft tragende und aus dem Inneren heraus
wirkende Motivation entsteht bei den Mitarbeitern (und
beim Chef!) nicht zufällig und nicht von selbst oder über
Nacht, sondern sie muss in langen Jahren mühseliger
Aufbauarbeit entwickelt und gepflegt werden.

Die erste und wichtigste Voraussetzung für den
erfolgreichen Aufbau einer neuen Motivation ist der Abbau
von Enttäuschungen und Demotivationen, die den
Mitarbeiter in seiner positiven Entwicklung immer wieder
stören beziehungsweise zurückwerfen. Laut einer neueren
Untersuchung (Daniel Kahnemann) wirkt Demotivation
etwa doppelt so stark ins Negative, wie Lob oder
Anerkennung ins Positive führen.

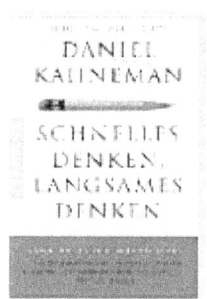

Der bekannte amerikanische Motivationsforscher Frederic
Herzberg hat sehr zu Recht darauf hingewiesen, dass
zunächst alle Gründe für Motivationshindernisse bei den
Mitarbeitern vollständig abgebaut sein müssten, bevor eine
positive Motivierung überhaupt wirken kann. Konkret
bedeutet das: solange der Mitarbeiter die Schimpfworte des
Chefs vom Vortag noch im Ohr hat, nützt kein gut

gemeintes Lob. Der ausgeschimpfte Mitarbeiter wird es nicht ernst nehmen, weil er immer noch an die Kritik von gestern denkt.

Der Mitarbeiter kann erst dann wieder voll mitarbeiten, wenn diese alte Frustrationsquelle behoben ist. Dies kann erreicht werden durch schlichten Zeitablauf, weil die Beteiligten den Vorfall vergessen haben. Allerdings ist damit zu rechnen, dass diese Erinnerung in einem ungünstigen Moment zurückkehrt. Sie wirft dann wieder einen Schatten auf die neu entstandene Kooperation.

Besser wäre es, wenn die Mitarbeiter die Kritik verstanden hätten und sie annehmen könnten, weil sie die Vorhaltungen als richtig empfinden und eingesehen haben, dass sie einen Fehler gemacht haben. Leider kann man nie so ganz genau wissen, ob die Mitarbeiter tatsächlich einsichtig sind oder nur um des "lieben Friedens willens", um weiterem Streit aus dem Wege zu gehen, ihre Schuld eingestanden haben.

Beispiel 042: Böse Worte wirken nach!

In einem mittelständischen Unternehmen hatten sich der Inhaber und sein Prokurist vor Jahren wegen einer Kleinigkeit gestritten und sich dabei einige böse Worte an den Kopf geworfen. Es hatte zwar anschließend ein klärendes Gespräch gegeben, aber beide Kontrahenten hatten mehr aus der Verantwortung für das ganze Unternehmen als aus echter Einsicht Frieden geschlossen. Die Folge war, dass die Verbindung zwischen den beiden Betriebsleitern nie mehr so herzlich wurde wie vor diesem Streit.

Einmal, in einer besonders schwierigen Geschäftsangelegenheit, als wegen der Insolvenz eines Kunden ein größerer Verlust drohte, kam die fast vergessen geglaubte Angelegenheit wieder zum Vorschein. Der Inhaber warf seinen Prokuristen vor, dass er den gleichen Fehler wie "damals" gemacht habe, während der Prokurist vorgab, dass er den Inhaber gewarnt habe, dieser aber „wieder einmal" nicht habe hören wollen.

Jedes Arbeitsklima ist sehr belastet, wenn ein massiver Vorwurf unausgesprochen im Raum steht und beide Kontrahenten einer echten Auseinandersetzung aus dem Wege gehen.

Viel besser wäre es, wenn sich der Chef für seine allzu barschen Worte entschuldigt hätte und der Mitarbeiter seinen Anteil an Fehlverhalten zugibt. Beide ehemaligen Gegner schauen sich in die Augen und geben sich die Hand zur Versöhnung. Nach einem solchen „reinigenden Gewitter" bleiben kaum Reste der alten Auseinandersetzung zurück. Neues Vertrauen kann entstehen.

43. Zu wenig Lob!

Bei vielen Arbeitgebern ist es zu beobachten, dass der Chef schnell und unmissverständlich Kritik äußert – sich aber mit positiven Äußerungen sehr zurückhält. Das würde bedeuten, dass nicht nur dann Bemerkungen über die Arbeitsweise der Mitarbeiter zu hören sind, wenn sie etwas falsch gemacht haben – und nicht auch dann, wenn es etwas zu loben gibt. Leider herrscht in vielen Unternehmen ein Motivationsmarketing vor, dass nach dem verbreiteten Motto funktioniert: "Solange ich nichts sage, ist alles in Ordnung!"

Das heißt in der alltäglichen Wirklichkeit, der Chef sagt nur dann etwas zu seinen Mitarbeitern, wenn es etwas zu kritisieren gibt. Man kann sich leicht vorstellen, was für eine belastende Wirkung eine solches Kommunikationsverhalten haben wird. Der Chef erfährt wahrscheinlich in vielen Fällen erst als Letzter, wenn etwas schiefgelaufen ist, weil sich viele Mitarbeiter vor ihm fürchten. Er wird nur noch als Kritiker wahrgenommen. Seine Sympathiekurve sinkt steil nach unten. Er muss aufpassen, in seinem eigenen Hause nicht zur unerwünschten, allseits gefürchteten Person zu werden.

Justitia, die Göttin der Gerechtigkeit, schmückt viele altertümliche Gerichtsgebäude. Sie hält eine Waage mit zwei gleich schweren Schalen in der Hand. Sie symbolisiert damit die ausgleichende Gerechtigkeit als Grundlage einer von allen anerkannten rechtsprechenden Gewalt. In ähnlicher Weise sollten gegenüber den Mitarbeitern die Gewichte von Lob und Tadel in einem ausgeglichenen Verhältnis zueinander stehen.

Wer immer nur kritisiert, wird irgendwann als „Nörgler"
missverstanden. Er wird auch in den Fällen nicht mehr ernst
genommen, wo die Kritik angebracht und nötig war.
Ebenso wird ein "Dauerlober" der "Lobhudelei" bezichtigt
und gleichfalls nicht mehr ernst genommen.

Gegenüber den Mitarbeitern bewährt sich eine gradlinige
und konsequente Haltung. Es muss unbedingt vermieden
werden, dass Entscheidungen je nach Lust und Laune
einmal so herum und einmal anders herum getroffen
werden. Vielmehr müssen Führungsgrundsätze aufgestellt
sein, die das Verhalten der Vorgesetzten nachvollziehbar
und vorhersehbar machen. Ein Mitarbeiter kann sich
letztlich nur dann richtig verhalten, wenn er präzise weiß,
was seine Vorgesetzten von ihm erwarten. Nur dann kann
er sich auch in den Fällen richtig verhalten, wenn der Chef
nicht anwesend ist.

Sehr viele klein- und mittelständische Unternehmen leiden
nach den Beobachtungen des Verfassers an einem solchen
Mangel an Führungsgrundsätzen und Verhaltensregeln. Oft
geschieht es nicht einmal aus böser Absicht, dass in gleichen
Fällen unterschiedliche Entscheidungen getroffen werden:
Wegen fehlender Abstimmungsmöglichkeiten, zu wenig

Kommunikation und insbesondere zu viel Hektik kann es leicht geschehen, dass in einem Fall so und in einem anderen ganz anders entschieden wurde.

Beispiel 043: Der gute alte Chef!
In einem Reparatur- und Serviceunternehmen wurden Reklamationen von Kunden sehr unterschiedlich behandelt, je nachdem, wer als erster die Klage der Kunden zu hören bekam. Während der Senior seine Kunden größtenteils aus alter Vergangenheit her kannte und sich mit vielen von ihnen duzte, hatte der Junior nach der langen Abwesenheit während seines Ingenieurstudiums kein so positives Verhältnis zu den Kunden aufbauen können. Die Folge war, dass in der Kundschaft schon allgemein bekannt war und entsprechend weitererzählt wurde, dass man mit Reklamation lieber warten solle, bis der Senior wieder im Hause sei.

Leider passte diese Verhaltensweise immer weniger mit der tatsächlichen Geschäftspolitik zusammen, denn der Senior hatte für sich beschlossen, nur noch in Notfällen ins Geschäft zu kommen. Er wollte ansonsten alles seinem Sohn zu überlassen. So verlor das Unternehmen eine Reihe von wichtigen Kunden und konnte die gefährliche Tendenz erst stoppen, als es mit Hilfe eines Betriebsberaters zu einer grundsätzlichen Aussprache über das Verhalten bei Kundenreklamationen kam. Zusammen mit den Mitarbeitern wurde darüber eine einvernehmliche Regelung getroffen. Leider gelang es nicht, die vorher verlorenen Kunden zurück zu gewinnen – sie blieben für immer fort.

44. „Eine grade Furche pflügen"

In allen geschäftlichen Einzelfällen ist es wichtig, eine gradlinige und konsequente, für den Kunden nachvollziehbare Unternehmenspolitik einzuschlagen. Am schönsten wäre es, wenn solche Grundsätze niedergeschrieben wären und jedem Mitarbeiter sowie den Kunden und Lieferanten als Handlungsmaxime (auf der Homepage!) vorliegen würden. Auf diese Weise gäbe es zumindest für die wichtigsten Entscheidungsbereiche klare Vorgaben, an die sich alle Beteiligten halten können.

Beispiel 044: Uneinheitliche Entscheidung
In einem mühseligen Verkaufsgespräch mit einer überaus anspruchsvollen Kundin hatte sich ein Innenarchitekt zu sehr weitreichenden Zusagen hinreißen lassen. Er hatte ihren Auftrag in wesentlich kürzerer Zeit zugesagt als dies normaler Weise möglich wäre. Er hatte sich aber vorgenommen, diesen Auftrag dennoch rechtzeitig zu erledigen. Er wollte dafür ein Wochenende zusätzlicher Arbeit opfern, weil er sich von der Kundin weitere interessante Aufträge versprach.

Sein Arbeitsvorbereiter war mit dieser Mehranstrengung keineswegs einverstanden. Er äußerte das gegenüber der Kundin auch am Telefon. Aus verständlichen Gründen war darüber die Kundin irritiert. Sie warf dem Unternehmen vor, dass dieses uneinheitliche Auftreten keinen guten Eindruck machen würde, denn sie wüsste nicht, woran sie sich zu halten hätte.

Eine große Hilfe könnte es schon bedeuten, wenn wenigstens die Inhaber, deren Lebensgefährten und die wichtigste innerbetriebliche Führungskraft ein und dieselbe Sprache sprächen. Es würde schon sehr viel weiterhelfen, wenn beispielsweise in einem Führungsteam der jeweilige Partner als Führungskraft die Entscheidungen der Kollegen übernehmen würde – insbesondere dann, wenn eigentlich unterschiedliche Meinungen bestehen. Leider ist die Realität von diesem Ziel noch sehr weit entfernt.

In den oben beschriebenen Fall des Tischlers hätte beispielsweise der Arbeitsvorbereiter gegenüber der Kundin klarstellen sollen: "Wenn unser Mitarbeiter (oder Chef) Ihnen das zugesagt hat, dann können Sie sich darauf verlassen, dass es auch geschieht. Es ist bei uns nicht üblich, Versprechungen zu machen, die wir dann nicht einhalten!"

Genauso hätte der Tischler besser erst bei seinem Arbeitsvorbereiter nachfragen sollen, ob solch ein knapper Termin überhaupt einzuhalten ist, bevor er ihn endgültig zusagt. In der daraus entstandenen Verhandlungspause wäre es möglich gewesen, den einen oder anderen Tag als zusätzliche Lieferzeit zu vereinbaren, ohne dass die Kundin deswegen abspringen würde. Es wirkt im Verkaufsgespräch häufig schon Wunder, wenn der Verhandlungsführer erklärt, er wolle noch einmal sehen, was sich machen ließe und dann zumindest mit einem Teilerfolg zurückkehrt, den die Kunden dann leichter akzeptieren.

45. Der Chef ist immer Vorbild

Die beste und sicherste Voraussetzung für eine erfolgreiche und effektive Mitarbeiterführung ist immer in einem Chef beziehungsweise Vorgesetzten zu sehen, der sich selbst erfolgreich und effektiv zu führen und zu motivieren weiß.

Ein altes Sprichwort sagt, "Wie die Alten sungen – so zwitschern auch die Jungen"! Was heißt, dass sich niemand wundern darf, wenn seine Mitarbeiter sich nicht so verhalten, wie es sein sollte, weil es der Chef selbst falsch macht: beispielsweise regelmäßig zu spät kommt oder selbst unzureichend vorbereitet ist. Bei den Mitarbeitern taucht dann sehr bald der Gedanke auf, wenn der Chef sich nicht um solche Dinge bemüht, brauchen wir das auch nicht!

Beispiel 045: Golf am Mittag

In einem mittelständischen Unternehmen hatte der Chef zu seinen Kunden privat gute Kontakte geknüpft und traf sich mit ihnen gerne zu einem mittäglichen Turnier auf dem Golfplatz, wo auch über geschäftliche Angelegenheiten gesprochen wurde. So bemerkte es der Chef gar nicht, wie er mehr und mehr in den Sog dieser privaten Treffen geriet und darüber seine Firma allmählich vernachlässigte.

Als er schließlich einmal in Golfbekleidung verspätet zu einem Termin im Unternehmen erschien, hatte er seine letzte Autorität bei den Mitarbeitern endgültig verspielt. Er wurde kaum noch ernst genommen. Es musste ein stellvertretender Geschäftsführer für teures Geld eingestellt werden, der die Führungsstruktur im Betrieb wiederherstellte.

46. Ohne Selbstmotivation geht es nicht!

Von Luther stammt das berühmte Zitat: "Erziehung ist Liebe und Vorbild". Übertragen auf die Arbeitswelt also: Der Vorgesetzte soll seine Mitarbeiter schätzen und mögen und er sollte es ihnen richtig vormachen. Vorbild sein in diesem Zusammenhang heißt nicht, dass er es besser machen muss, aber dass er in seiner persönlichen, betrieblichen und privaten Lebensführung einen Orientierungspunkt für die Mitarbeiter bildet, von dem sie sich leiten lassen.

Eine wichtige Voraussetzung für den Chef ist ein konsequentes Motivationsmarketing. Das heißt, der Vorgesetzte oder Chef soll sich regelmäßig, persönlich Rechenschaft ablegen über seine privaten und beruflichen Ziele. Er muss sich dabei immer wieder selbst überprüfen, ob und wie weit er diesen Zielen tatsächlich näher gerückt ist.

Beispiel 046: Checkliste Selbstmotivation
Fragen zur gesundheitlichen Grundlage
- *Nehme ich Fragen zu meiner gesundheitlichen Situation ernst genug?*
- *Lasse ich meinen Gesundheitszustand regelmäßig fachärztlich überprüfen?*
- *Kümmere ich mich um eine verantwortungsvolle Gesundheitsvorsorge?*

Fragen zur geistigen Motivation
- *Kümmere ich mich um eine ausreichende allgemeine Grundbildung? Kümmere ich mich um eine vertiefte und regelmäßig aktualisierte Fachausbildung?*

- *Bin ich bereit mein Wissen durch Seminare und Literatur systematisch zu erweitern?*
- *Setzte ich einen Teil meiner Freizeit zum Nachdenken und zur Weiterbildung ein?*

Fragen zur ethischen Motivation

- *Fühle ich mich für das, was ich tue und lasse voll verantwortlich?*
- *Unterstütze ich in ausreichendem Maße karitative oder gemeinnützige Einrichtungen?*
- *Behandle ich alle Menschen, Gruppen, Kulturkreise oder Völker als gleichwertig?*
- *Ist Ehrlichkeit eine zentrale Grundlage meines beruflichen und privaten Handelns?*
- *Behandle ich alle Menschen stets so, wie ich selbst von ihnen behandelt werden möchte?*
- *Nutze ich die Möglichkeit des Gebetes oder der vertieften Meditation für meine Arbeit?*
- *Halte ich mich an die Zehn Gebote?*

Fragen zur familiären Motivation

- *Nimmt meine Familie einen wichtigen Platz in meinen Leben ein?*
- *Nehme ich mir genügend Zeit für meine Familie?*
- *Vermeide ich ungerechtfertigte Bevorzugungen oder Benachteiligungen?*
- *Nimmt meine Familie auch Rücksicht auf mich?*

Fragen zur gesellschaftlichen Motivation

- *Gehe ich höflich und freundlich mit alle meine Mitmenschen um?*
- *Nehme ich ausreichend Rücksicht auf die Gefühle anderer?*
- *Halte ich Abmachungen und Verabredungen zuverlässig ein?*

- *Habe ich Freunde, denen gegenüber ich vorbehaltlos offen sein kann?*
- *Lasse ich mich von meinen Freunden kritisieren und korrigieren?*
- *Beteilige ich mich in meinem Umfeld mit einer ehrenamtlichen Tätigkeit?*

Fragen zur finanziellen Motivation

- *Gehe ich bei finanziellen Angelegenheiten ausreichend umsichtig vor?*
- *Halte ich mich frei von Neid und Begierden gegenüber dem Besitz anderer?*
- *Komme ich mit meinem Geld regelmäßig aus?*
- *Habe ich einen Plan für meine Finanzentwicklung der nächsten fünf Jahre?*
- *Bin ich bei plötzlicher Arbeitsunfähigkeit oder Beschäftigungslosigkeit finanziell gesichert?*
- *Habe ich ausreichend Vorsorge für das Alter getroffen — und für die Familie?*

47. Wie kontrollieren sich Führungskräfte selbst?

Im Prinzip sollte der Chef seine eigenen Arbeitsaufgaben ebenfalls nach einem Organisationsschema unterteilen und auf ihren Zeitaufwand hin abschätzen. Daraus ergibt sich eine Aufstellung der Aufgaben mit ihren verschiedenen, nacheinander oder gleichzeitig zu erledigenden Teilaufgaben sowie einer entsprechenden Ablauf- und Terminplanung. Am Schluss sollten sich alle Chefs in ihrem Terminplaner eintragen, wann die geplante Aufgabe fertig sein soll.

Eine solche Selbstkontrolle ist auch bei der täglichen Arbeit am Schreibtisch und bei Besprechungen sinnvoll:

Als Hilfsmittel sowohl für Besprechungen und genauso für die selbstorganisierte Arbeit hat es sich bewährt, wenn nach einer vorher festgelegten Zeit ein Klingelzeichen ertönt, beispielsweise durch eine entsprechende EDV-Programmierung. Es ruft zur Kontrolle darüber auf, ob noch innerhalb des vorgegebenen Zeitrahmens gearbeitet wird. Oft ist in der Zwischenzeit durch Anrufe oder E-Mails eine Ablenkung eingetreten. Es muss jetzt wieder zu den eigentlichen Aufgaben zurückgekehrt oder der Zeitplan muss anpasst werden.

Eine zentrale Voraussetzung für eine erfolgreiche Selbstkontrolle ist schriftliche Zielsetzung, die immer wieder nachgelesen und überprüft werden kann. Außerdem verschafft es dem Arbeitsorganisator ein angenehmes Erfolgserlebnis, wenn er aufgeschriebene Ziele als erledigt abhaken oder ausstreichen kann.

Genauso muss von allen Besprechungen ein Beschluss Protokoll angefertigt werden, das allen Teilnehmern ausgehändigt wird. Zu Beginn der nächsten Sitzung wird dieses Protokoll durchgegangen, um festzustellen, was schon fertig ist und was noch bearbeitet werden muss. Hier sollten die Grundsätze des Projektmanagements genutzt werden.

Zu einer solchen Selbstkontrolle sollte der Chef auch die Mitarbeiter anleiten. Zur verbesserten Arbeitsorganisation bewährt sich ein betriebseinheitliches Zeitmanagementsystem. Hierzu sollten hausinterne Seminare durchgeführt werden, an denen unbedingt der Chef selbst teilnehmen sollte, auch dann, wenn er schon vorher ein solches Seminar besucht hatte.

Gerade bei Zeitmanagementseminaren ergeben sich aus dem Themenzusammenhang Fragen, die schnellstmöglich geklärt werden sollten. Dafür biet sich das Seminar als günstige Gelegenheit an. Bei dieser Gelegenheit werden viele grundsätzliche Fragen entschieden, da in manchen Unternehmen nur selten eine Gelegenheit vorhanden ist, dass einmal alle Beteiligten für längere Zeit zusammensitzen.

Auf diese Weise geht zwar teurer eingekaufte Seminarzeit "verloren", es wird andererseits Entscheidungsklarheit gewonnen, da die Seminarteilnehmer im Seminar erheblich weniger unter Stress stehen, als bei normalen Arbeitsbesprechungen. Vielmehr regt das Seminar die Teilnehmer an, sich in entspannter Atmosphäre konstruktive Gedanken zur Verbesserung der betrieblichen Organisation zu machen.

Nicht zuletzt hilft die Seminarteilnahme dem Chef dazu, sein eigenes Wissen kritisch zu überprüfen, wieder aufzufrischen oder zu ergänzen. Gerade beim Thema Arbeitsorganisation und Zeitmanagement kann es nützlich sein, verschiedene Referenten als Seminarleiter einzuladen.

Nur wenn der Chef oder Vorgesetzte auch an diesem
Wiederholungsseminar teilgenommen hat, weiß er genau,
was im Seminar besprochen wurde, beziehungsweise worauf
sich die Seminarteilnehmer geeinigt haben. Nur dann kann
er die Mitarbeiter im Alltag entsprechend auffordern, sich
an diese Vereinbarung aus dem Seminar zu halten. Notfall
kann er dies im Besprechungs-Protokoll nachlesen.

Ein weiteres wichtiges Hilfsmittel bei der Selbstkontrolle ist
die Formulierung der Ziele und zwar stets in schriftlicher
Form. Leider reicht es nicht aus, diese Ziele einmal
aufzuschreiben. Sie müssen regelmäßig den neuen
Anforderungen entsprechend angepasst und korrigiert
werden. Auch diese Zielanpassungen sollten immer
schriftlich erfolgen.

Bei der Festlegung von Aufgaben oder der Delegation von
Aufgaben oder Arbeitsbeauftragungen sollte sich der
Vorgesetzt stets eine zweite Notiz in seinem Terminplaner
eintragen, wann nämlich nachgefragt wird, wie weit die
selbstgestellte oder weitergegebene Aufgabe gediehen ist.

Täglich sollte beispielsweise jeder Vorgesetzte seine Ziele
für den kommenden Tag genau definieren. Dies können

durchaus mehrere Ziele unterschiedlicher Art sein. Es hat sich bewährt, dabei die unten genannten AROMA-Punkte zu beachten.

Beispiel 047: Tolle Ziele mit „Aroma"
Ziele müssen „AROMA" haben:
A = aufgeschrieben und aussagefähig
R = realistisch und realisierbar
O = organisierbar und operationalisierbar
M = messbar im Grad der Zielerreichung/Termine
A = annehmbar und akzeptabel - moralisch und ethisch

Daraus leiten sich Ziele ab:
Thema:
Ziel erreicht in   1   3   6   10 Jahren
- *Tagesziel*
  ....
- *Wochenziel*
  ....
- *Monatsziel*
  ....
- *Quartalziel*
  ....
- *Jahresziel*
  ....
- *Periodenziel (7 Jahre)*
  ....
- *Lebensziel*
  ....

Stellen Sie präzise fest, wie Sie Ihre Mitarbeiter heute sehen, wie Sie sie beurteilen. Legen Sie zusammen mit den Mitarbeitern fest, wann exakt zu welchem Termin das neue Ziel erreicht werden soll. Notieren Sie sich diesen Termin!

Scheuen Sie nicht vor Lob oder Kritik zurück! (Möglichst ausgewogen!) Ihr Mitarbeiter muss wissen, wie Sie ihn sehen und was Sie von ihm erwarten!

Legen Sie Teilziele fest, die in einem bestimmten Zeitraum oder nach einem Zeitplan erfüllt sein sollen. Stellen Sie fest, auf welche Weise das neue Ziel erreicht werden soll. Bieten Sie Ihre Hilfe an, wenn es um die Beseitigung von Hindernissen geht.

Merke:
Klare Zielvereinbarungen sind starke Motivatoren!

48. Wöchentliche Zielkontrolle ist empfehlenswert

In vielen Arbeitszusammenhängen ist es sinnvoll, solche
Ziele wöchentlich zu definieren und entsprechend zu
kontrollieren. Dies gilt insbesondere für Mitarbeiter im
Vertrieb und in der Produktion, die jeweils in einem Zuge
von Montag bis Freitag tätig sind. Für den Chef wiederum
ist es hilfreich, wochenweise, also beispielsweise am Samstag
die kommende Woche vorzuplanen und die wichtigsten
Ziele festzulegen. Die Zielerreichung ist am
nächstfolgenden Samstag zu überprüfen.

In umsatzorientierten Unternehmen mit ausgeprägter
Verkaufsorientierung hat sich die wöchentliche
Beobachtung der Umsatzzahlen sehr bewährt. Sie kann
zugleich plausibel mit der Vorjahreswoche verglichen
werden sowie mit dem Durchschnitt der zurückliegenden
zehn Wochen. Auf diese Weise werden
Veränderungstendenzen deutlicher erkennbar.

Beispiel 048: Wochenkontrolle der selbstgesteckten Ziele
*In einem Handelshaus wurden die Verkäufer gebeten, sich für die
jeweils kommende Woche eine anzustrebende Umsatzzahl
aufzuschreiben und mit ihren Vorgesetzten abzustimmen. Am*

darauffolgenden Montag wurden diese Umsatzzahlen dann überprüft, inwieweit sie erreicht oder sogar überschritten wurden.

Durch diese Maßnahme verbesserte sich bei den Vertriebsmitarbeitern das Bewusstsein für ihren Erfolg. Sie konnten ihre Verkaufsbemühungen gezielter korrigieren und allmählich ihren Verkaufserfolg steigern. Durch die Wochenkontrolle behielten die Mitarbeiter im Kopf, was an den einzelnen Tagen der Vorwoche geschehen war. Bei Monatskontrollen verschwamm die Erinnerung daran.

Die am weitesten verbreitete statistische Überprüfung ist der Vergleich der Monatsumsätze, vielleicht verknüpft mit einer betriebswirtschaftlichen Auswertung durch einen Steuerberater. Insbesondere ist immer der Vergleich zum Vorjahresmonat wichtig, weil hierbei jahreszeitliche Schwankungen weitgehend neutralisiert sind. Außerdem werden in vielen Unternehmen monatliche Kontrollgespräche mit den leitenden Mitarbeitern durchgeführt.

Drei oder vier Monate können zu einem Quartal oder Tertial zusammengefasst werden. Dies ist insbesondere dann von Bedeutung, wenn die jahreszeitlichen Einflüsse besonders berücksichtigt werden müssen, beispielsweise Unternehmen mit Saison- oder Modeeinflüssen.

Beim Tertial oder Dritteljahr wiederum fällt jeweils ein größerer Feiertag, wie Ostern, Pfingsten oder Weihnachten in diesen Jahresabschnitt, was insbesondere für Friseure und Lebensmittel-Unternehmer von besonderer Bedeutung ist. Der Umsatz zu diesen Festtagen ist in diesen Gewerken beispielsweise um ein Mehrfaches höher, als an sonstigen "normalen" Wochenenden.

Die weitaus größte Bedeutung hat aber nach wie vor die Jahreszahl, beispielsweise das Jahresergebnis oder der Jahresumsatz – nicht zuletzt aus steuerlichen Gründen. Das Jahr bietet Anlass zum Ablegen einer persönlichen Rechenschaft, ob die gesteckten Ziele und Absichtserklärungen tatsächlich erreicht beziehungsweise durchgehalten wurden und was im neuen Jahr für neue Ziele gesteckt werden sollten.

49. Die Arbeit mit Periodenzielen

Viele betriebliche oder persönliche Entwicklungen lassen sich nicht in Jahresabständen messen oder erfassen, sondern nur in längeren Perioden, also Abschnitten von sechs oder sieben Jahren, in denen bestimmte Tendenzen erkennbar oder durchgesetzt oder vorher festgelegte längerfristige Ziele erreicht sein sollten. Nicht selten kommt es bei langfristigen Zielen zu Ungenauigkeiten, weil der Beginn und das Periodenziel nicht genau definiert wurde. Es im Nachhinein definieren zu wollen, hilft zwar der eigenen Rechtfertigung, bringt aber in der Regel keinen Motivationsvorteil mehr.

Beispiel 049: Mögliche Ziele in Perioden
Sinnvoll wäre es, sich selbst einmal die Bewerberfrage zu stellen: Was soll in einem, was in fünf, was in zehn Jahren erreicht sein.

- *Zum Beispiel in der Gesundheit und körperlichen Tüchtigkeit?*
- *Zum Beispiel im familiären Zusammenhalt?*
- *Zum Beispiel bei der finanziellen Absicherung?*
- *Zum Beispiel beim gesellschaftlichen Engagement?*
- *Zum Beispiel bei der wissensmäßigen/geistigen Weiterbildung?*
- *Zum Beispiel bei der seelisch/geistlichen Entwicklung?*

Nicht wenige Unternehmer treffen mit ihrer Entscheidung für einen bestimmten Beruf eine Lebensentscheidung, der sie beruflich ein Leben lang treu bleiben, ohne sie jemals grundsätzlich in Frage zu stellen. Keiner dieser langjährigen Berufsangehörigen käme auf die Idee, diese Festlegung auf ein Thema als Mangel zu empfinden.

Hierin unterscheidet sich das Handwerk von den meisten
übrigen Berufen, weil es nirgends eine so geringe Neigung
gibt, den einmal gelernten Beruf aufzugeben oder einen
neuen zu erlernen. Es ist für die meisten Handwerker
unbegreiflich, dass im statistischen Durchschnitt jeder
Deutsche drei (!) verschiedene Berufsausbildungen
durchläuft.

50. Verabschiedung ehemaliger Mitarbeiter

Stärker noch als das Einarbeiten eines neuen Kollegen irritiert es die Mitarbeiter, wenn ein langjähriger Mitarbeiter und Weggefährte aus der Firma geht oder gehen musste, insbesondere dann, wenn der Trennungsprozess mit streitigen, möglicherweise lautstarken Auseinandersetzungen verbunden war. Fast zwangsläufig werden die Mitarbeiter hier die Position des Kollegen unterstützen, auch wenn sie hinter vorgehaltener Hand zugeben, Verständnis für den Chef aufbringen zu können. Gegenüber den anderen Kollegen und insbesondere gegenüber dem ausscheidenden Mitarbeiter aber wird häufig so getan, als ob man fest und unverbrüchlich auf dessen Seite stünde.

Diese unklare Haltung hängt damit zusammen, dass es den langjährigen Mitarbeitern schwerfällt, sich von gewohnten Verhaltensweisen und Einstellungen zu trennen, auch wenn diese mit Problemen und Schwierigkeiten verbunden waren.

Beispielsweise kann es sein, dass sich die Kollegen an die Umständlichkeit und Schwerfälligkeit eines Mitarbeiters so gewöhnt haben, dass ihnen etwas fehlt, wenn er plötzlich nicht mehr da ist und sie nicht mehr von ihm gebremst werden. Erst nach einiger Zeit fällt ihnen auf, dass die Arbeit ohne diesen "Bremser" viel flüssiger und reibungsloser von der Hand geht.

Die tatsächliche Wirkung der Mitarbeiter ist also keineswegs immer so klar und eindeutig, wie es sich nach den öffentlichen Reden anhört. So kann es beispielsweise sein, dass die ehemaligen Kollegen in einer eventuellen Verhandlung vor dem Arbeitsgericht plötzlich eine ganz andere Haltung einnehmen als zuvor in der Firma, wenn die Kollegen alles mithören konnten. Dabei ist sowohl der

Meinungswandel von der Arbeitnehmer- zur
Arbeitgeberposition zu beobachten – wie umgekehrt!

Das heißt, Trennungsauseinandersetzungen lösen einen
erheblichen Stress bei den Mitarbeitern aus, der sich selten
zum Vorteil der Arbeitsleistung auswirken wird. Es kann
daher nur dringend geraten werden, solchen Streit zeitlich
so schnell wie möglich zu beenden. Sie verzichten dabei
lieber auf Geld in Form einer Abfindung, als weitere
Unruhe im Betrieb zuzulassen.

Beispiel 050: "Lieber ein Ende mit Schrecken, als ein
Schrecken ohne Ende".
*In vielen mittelständischen Unternehmen trennen sich die Arbeitgeber
von einem ungeeigneten Mitarbeiter lieber im heftigen Streit, aber dafür
schnell und kurzfristig, als nach langwierigen Verhandlungen in einem
Scheinfrieden. Allerdings kann es sein, dass dabei arbeitsrechtliche
Fehler gemacht werden. Deshalb wäre es empfehlenswert, rechtzeitig vor
dem Ausbruch des Streits zu einem Fachanwalt für Arbeitsrecht zu
gehen, um teure Fehler zu vermeiden.*

In vielen derartigen Fällen ist zu beobachten, dass nach dem
Ausscheiden plötzlich Geschichten auftauchen, die
eindeutig gegen den ehemaligen Mitarbeiter sprechen. Es
handelt sich hierbei oftmals um Zusammenhänge und
Hintergründe, die auch vorher schon, zumindest
andeutungsweise, bekannt waren, aber aus falsch
verstandener Solidarität mit dem Betroffenen geheim
gehalten wurden.

Es tauchen im Nachhinein von Kundenseite negative
Geschichten über den Ausgeschiedenen auf. Es sieht
manchmal so aus, als sollte nachträglich ein Grund dafür
gefunden werden, dass er das Haus verlassen musste.

Manche Kollegen versuchen vielleicht mit einer solchen
Geschichte aus dem Verborgenen ihr Gewissen zu
beruhigen. Vielleicht ist solch eine Verhaltensweise als eine
nachträgliche Rechtfertigung aufzufassen, weshalb sie sich
nicht stärker für den Verbleib des ehemaligen Kollegen in
der Firma ausgesprochen haben.

51. Umgang mit ehemaligen Mitarbeitern

Ein bekanntes Stichwort sagt: "Man sieht sich im Leben immer zweimal!" Nicht selten ist ein Wiedersehen für alle Beteiligten peinlich und unangenehm, wenn es nicht gelungen ist, geordnet und im Guten auseinander zu gehen. Zu einer solchen Nachsorge gehört, dass der Kontakt zu ehemaligen Mitarbeitern nicht gänzlich abreißt, Rentner beispielsweise noch zu Weihnachtsfeiern eingeladen werden und der ehemalige Arbeitgeber Geburtstagsbriefe verschickt und im Falle des Ablebens Traueranzeigen schaltet. Auf diese Weise wird zugleich ein Stück Firmenkultur gepflegt.

Es darf nicht übersehen werden, dass ehemalige Mitarbeiter viel Schaden anrichten könnten, wenn sie in ihrem Freundes- und Bekanntenkreis oder bei späteren Arbeitgebern negative Geschichten über ihren ehemaligen Arbeitgeber verbreiten. Ein fürsorglicher Umgang mit ehemaligen Mitarbeitern zahlt sich daher positiv aus.

Hinzu kommen die Möglichkeiten, erfahrenen, ehemalige Mitarbeiter im Ruhestand zu bestimmten Stoßzeiten oder zu Sonderaufträgen zu einzusetzen. Beispielsweise werden gerne betriebliche Ausbilder aus den Reihen ehemaliger Firmenangehöriger, insbesondere der Meister rekrutiert, die sich mit viel Geduld und großer Erfahrung den Lehrlingen widmen.

Beispiel 051: Rentner als Reklamationsbearbeiter
In manchen mittelständischen Unternehmen werden Ruheständler bei der Behebung von Reklamationsfällen eingesetzt. Die ehemaligen Mitarbeiter kennen sich in der Regel mit den verwendeten Materialien gut aus. Vielleicht haben sie bereits einmal an einer ähnlichen Baustelle gearbeitet. Sie haben im Laufe ihres langen Arbeitslebens viele Tricks kennengelernt, wie man sich in schwierigen Situationen behelfen kann — und sie sind meist sehr geduldig mit ungeduldigen Kunden.

52. Rückkehrer haben ihre Lektion gelernt!

Eine vorausschauende und sorgsame Pflege von ehemaligen Mitarbeitern wird gelegentlich damit belohnt, dass diese ins eigene Unternehmen zurückkehren. Jeder Unternehmer, dem das geschieht, darf dies als Kompliment für sein vorausschauendes Motivationsmarketing auffassen.

Beispiel 052: Geläuterte Rückkehrer
Angesichts des Facharbeitermangels bemühen sich viele mittelständische Unternehmer um eine Trennung von einem Mitarbeiter „im Guten". Wenn ein Mitarbeiter das Unternehmen verlässt, sollte es ihm möglich sein, ins eigene Unternehmen zurückzukehren.

Solche „Rückkehrer" von anderen Unternehmen erweisen sich in vielen Fällen als besonders erfahrene, weil „geläuterte" Führungskräfte. Sie haben begriffen, dass in anderen Firmen auch nicht alles optimal geregelt ist. Sie lernen mit Kompromissen zu leben und haben über den „Tellerrand" des Unternehmens geschaut. So haben sie die Vorzüge des eigenen Betriebes erst richtig schätzen gelernt.

Es ist daher in vielen Fällen falsch verstandener Stolz, der Inhaber davon abhält, solche zurückkehrenden Mitarbeiter wieder aufzunehmen. Diese Haltung mag menschlich verständlich sein, sie stellt sich aber in vielen Fällen als eine verpasste Chance heraus, einen besonders motivierten Mitarbeiter zurückzugewinnen!

53. Fragebogen zum Betriebsklima

Eine der wichtigsten Voraussetzungen für eine schnelle
Integration neuer Mitarbeiter und das Halten der bisherigen
Beschäftigten ist ein gutes Betriebsklima. Der nachstehende
Fragebogen soll helfen, das in einem Unternehmen
bestehende Betriebsklima einschätzen zu können. Alle
Fragen sind so formuliert, dass das Betriebsklima im
Unternehmen umso positiver einzuschätzen ist, je mehr
Prozentpunkte erreicht wurden.

Selbstkritische Fragen für die Chefs:
1. Die Mitarbeiter sind positiv motiviert und arbeiten gern?
0 - 20 - 40 - 60 - 80 - 100 %

2. Die Mitarbeiter sind mit der Art der Entgeltzahlung und
der Höhe zufrieden?
0 - 20 - 40 - 60 - 80 - 100 %

3. Die Mitarbeiter sind mit der Länge des Urlaubs und der
Urlaubsplanung einverstanden?
0 - 20 - 40 - 60 - 80 - 100 %

4. Die Netto-Entgelt-Optimierung wird genutzt und jährlich überprüft?

0 - 20 - 40 - 60 - 80 - 100 %

5. Die gesetzlichen Pausenzeiten werden eingehalten, in einem gut ausgestatteten Pausenraum?

0 - 20 - 40 - 60 - 80 - 100 %

6. Die Mitarbeiter werden etwa genauso häufig gelobt, wie getadelt wird?

0 - 20 - 40 - 60 - 80 - 100 %

7. Den Mitarbeitern werden auch interessante und schwierige Aufgaben übertragen?

0 - 20 - 40 - 60 - 80 - 100 %

8. Die Mitarbeiter kontrollieren sich so weit wie möglich selbst (Checkliste)?

0 - 20 - 40 - 60 - 80 - 100 %

9. Den Mitarbeitern wird genau erklärt, wie das Ergebnis ihrer Arbeit aussehen soll?

0 - 20 - 40 - 60 - 80 - 100 %

10. Die Führungskräfte haben ein offenes Ohr für Anmerkungen der Mitarbeiter?

0 - 20 - 40 - 60 - 80 - 100 %

11. Alle Mitarbeiter werden mit Klarheit, Entschiedenheit und Konsequenz geführt?

0 - 20 - 40 - 60 - 80 - 100 %

12. An der Führungsrolle (und wer sie innehat) gibt es keine Zweifel?

0 - 20 - 40 - 60 - 80 - 100 %

13. Die Mitarbeiter haben Verständnis dafür, wenn sie gelegentlich mehr arbeiten müssen?
0 - 20 - 40 - 60 - 80 - 100 %

14. Die Mitarbeiter entscheiden, ob Überstunden in Geld oder Freizeit ausgeglichen werden?
0 - 20 - 40 - 60 - 80 - 100 %

15. Die Teilnahme der Mitarbeiter an Fortbildungsmaßnahmen wird gefördert?
0 - 20 - 40 - 60 - 80 - 100 %

16. Die äußerlichen, guten Rahmenbedingungen, das "Outfit" des Unternehmens stimmen?
0 - 20 - 40 - 60 - 80 - 100 %

17. Die Mitarbeiter sind zeitgemäß mit Werkzeug, EDV, Firmenkleidung usw. ausgestattet?
0 - 20 - 40 - 60 - 80 - 100 %

18. Neue Maschinen, Dienstleistungen oder Produkte werden mit den Mitarbeitern abgestimmt?
0 - 20 - 40 - 60 - 80 - 100 %

19. Der Arbeitgeber fördert Ergonomie und Gesundheitsschutz am Arbeitsplatz?
0 - 20 - 40 - 60 - 80 - 100 %

20. Der Arbeitgeber berücksichtigt familiäre Aspekte der Mitarbeiter?
0 - 20 - 40 - 60 - 80 - 100 %

Auswertung:

Bei diesem Test können insgesamt maximal 2.000 (Prozent-) Punkte erreicht werden. Die volle Punktzahl ist wahrscheinlich in keinem Betrieb zu erreichen.

Über 1.800 Punkte sind 90 %. Sie stellen ein ausgezeichnetes Ergebnis dar. Es sollte dafür gesorgt werden, dass dieser positive Zustand dauerhaft erhalten bleibt.

Über 1.600 Punkte sind 80 %. Sie stellen ein sehr gutes Ergebnis dar. Es sollte überlegt werden, wie die letzten Schwachpunkte noch behoben werden können.

Über 1.400 Punkte sind 70 %. Sie stellen ein gutes Ergebnis dar. Es sollte aber an den Schwachpunkten gearbeitet werden, um bessere Resultate zu erreichen.

Über 1.200 Punkte sind 60 %. Sie stellen ein durchschnittliches Ergebnis dar. Es muss an den Schwachpunkten gearbeitet werden, um ein besseres Betriebsklima zu erreichen.

Über 1.000 Punkte sind 50 %. Sie stellen ein unzureichendes Ergebnis dar. Es muss dringend an den Schwachpunkten gearbeitet werden, um den Betrieb attraktiver zu machen.

Unter 1.000 Punkte sind ein Alarmsignal. Für solch ein Unternehmen wird es sonst sehr schwierig werden, geeignete Mitarbeiter zu finden – und zu halten.

Es ist empfehlenswert, diesen Fragebogen spätestens einmal im Jahr zu überprüfen und mit Angehörigen in der Inhaberfamilie und mit Mitarbeitern aus dem engsten Führungskreis durchzusprechen.

Erfahrungsgemäß entfalten solche regelmäßig durchgeführten Befragungen eine gewisse Eigendynamik. Deshalb macht es viel Sinn, die Befragungsergebnisse in Form einer Kurve über die vergangenen Jahre und zu den einzelnen Themen grafisch darzustellen und in Betrieb zu veröffentlichen. Nicht zuletzt sollen die Mitarbeiter angeregt werden, sich darüber miteinander zu unterhalten.

Diese Weise werden interessante Entwicklungen erkennbar und können im Arbeitsalltag besser beeinflusst werden.

Wenn Sie dabei Unterstützung brauchen oder wenn Sie Fragen oder Anregungen haben, zögern Sie nicht einfach anzurufen: 0151 6572 2672 oder mailen Sie ganz unkompliziert an: info@jvhein.de

Copyright © 2021 – Dr. Joachim von Hein

Erschienen bei: Amazon Kindle Edition, USA (kein Verlag)
ISBN:

Autor: Dr. Joachim von Hein
Haldenstr. 40, 44809 Bochum
info@jvhein.de   www.jvhein.de
www.Starterboerse.de

Der Autor freut sich über Rückmeldungen und
Kommentare, auch bei www.Starterboerse.de
Herstellung und Druck siehe letzte Seite.
Layout und Text: Dr. Joachim von Hein
© Copyright Dr. Joachim von Hein,
Stand der Veröffentlichung: 01. März 2021.

Gesamtumfang: 21.257 Wörter/129.014 Anschläge

Der Autor bei einem Vortrag

Lebenslauf des Autors

Dr. phil. Joachim von Hein,
Jahrgang 1953. Nach dem Studium der Politischen Wissenschaften, Volkswirtschaft, Rechte, Wirtschafts- und Sozialgeschichte, Philosophie und nicht zuletzt Psychologie in Hamburg und Paris, promovierte er mit einer empirischen, verwaltungsgeschichtlichen und organisations-psychologischen Analyse der Fachbehörden seiner Heimatstadt Hamburg.

Beruflich war Dr. von Hein seit 1976 als Dozent, Berater und Texter tätig und seit 1983 zusätzlich als Geschäftsführer im Bildungsmanagement.

Er gründete 1987 die Akademie Rotenburg e. V. Er ist bis heute ihr Vorsitzender und Geschäftsführer. Er führte mit der Akademie Rotenburg e. V. Fortbildungen, Seminare, Einzel-Trainings, Workshops und Beratungen, nicht zuletzt zum Thema Öffentlichkeitsarbeit durch.

Seit 1990 war Dr. von Hein als gelernter Journalist auch in der Werbebranche engagiert. Er betrieb seit 1997 eine eigene Agentur für psychologische Betriebs- und Personalberatung, Eignungsdiagnostik sowie Marketing, PR und Unternehmensstrategie.

Als Unternehmensberater für alle praktischen Fragen der Mitarbeiterführung und der Öffentlichkeitsarbeit beriet er schwerpunktmäßig in Niedersachsen KMU, (Kleine und Mittlere Unternehmen) Handwerksbetriebe und Facheinzelhändler. Über vertiefte fachliche Erfahrungen verfügt er in den Themengebieten Gesundheit, Ernährung, Elektro- und Bauwesen, im Holzhandel und in der Gastronomie sowie im Non-Profit-Bereich.

2006 hat Dr. von Hein eine Zusatzausbildung als zertifizierter wingwave®-Coach abgeschlossen. Damit unterstützte er seine Studierenden an verschiedenen Hochschulen in der Prüfung. Zu diesem Thema, speziell zum optimalen Verhalten in Kolloquien, hat er mehrere Schriften verfasst. www.starterboerse.de

Seine Erfahrungen aus über 30 Jahren psychologischer Betriebsberatung hat er in mehreren Büchern und verschiedenartigen Ratgebern zusammengetragen und bei der Wissensplattform „www.akademie.de" und bei „www.amazon.com" veröffentlicht.

Als studierter Wirtschaftshistoriker verfasst er heute schwerpunktmäßig Historien, Vereins- und Unternehmens-geschichte(n) – auf Wunsch auch als Ghostwriter, also ohne seinen Namen zu nennen. www.jvhein.de

Dr. von Hein lebt heute in Bochum. Er wird liebevoll umhegt von einer erwachsenen Tochter, einem Schwiegersohn und einer Enkelin.

Veröffentlichungen unter Amazon Kindle Edition

57 interne Tipps für die mündliche Abschlussprüfung/ Kolloquium

Ein konkreter Ratgeber, wie sich Prüflinge vor den schlimmsten Pannen schützen und im Kolloquium bessere Noten erzielen!
https://amzn.to/2C7SbTc

56 Merksätze zur Prüfungsvorbereitung (www.Starterboerse.de)
http://starterboerse.de/56-merksaetze/

33 Arten von Prüfungsängsten ... und wie damit umgehen ...
...zugleich 33 Möglichkeiten Prüfungsängste zu vermeiden
https://amzn.to/2SD8igW

29 Meditationen zur Prüfungsvorbereitung:
Stress abbauen... einstimmen... konzentrieren... Fragen beantworten
https://amzn.to/2Lh4eRe

99 Rhetorik-Tipps für Prüfungen
Ein Ratgeber zur Verbesserung der Rhetorik bei Prüfungen oder Vorträgen zur Steigerung des rednerischen Erfolges
https://amzn.to/2C72mYh

85 Bewerbertipps für Hochschulabsolventen
Was ich als Kandidat(in) bei Bewerbungen alles falsch
machen kann? https://amzn.to/2PwtIug

28 familienfreundliche Maßnahmen für Betriebe
Wie kleine und mittlere Betriebe (KMU) mit
familienfreundlichen Arbeitsbedingungen oder speziellen
Projekten Fachkräfte halten oder gewinnen können
https://amzn.to/2zXK8qz

Sponsoring für Kindergärten
Originelle Finanzierungsmöglichkeiten, Sponsoring,
Fundraising, Spenden und mehr…
http://www.amazon.com/dp/B01E2LPDB8

Ein besseres Betriebsklima ist machbar?
Ein praktischer Ratgeber für Führungskräfte und Chefs mit
über 50 praxisnahen Tipps und Checklisten, 45 anregenden
Fotos und eine Checkliste zum Betriebsklima
https://amzn.to/2SJUX6K

Mitarbeiterplanung und Personalpolitik
Ein praxisnaher Ratgeber mit vielen Beispielen, Checklisten
und Übersichten https://amzn.to/2PySFFA

Erfolgreiches Marketing für Ärzte: Wie niedergelassene
Mediziner werben dürfen - und sollten... inklusive Online-
Marketing und Social Media, Taschenbuch – 2017
https://amzn.to/2UDdrHO   E-Nook
https://amzn.to/2RUjIgn   Taschenbuch

Erfolgreiche Mitarbeiter- und Selbstmotivation
Ein Ratgeber für frischgebackene Führungskräfte in KMU
(kleine und mittelständische Unternehmen)
https://amzn.to/2RO2eCs

59 Tipps für kundenfreundliche Verkäufer: Wie Sie mit einfachen Mitteln den Umsatz steigern und Weiterempfehlungen fördern!
https://amzn.to/2zS7LAU

59 Tipps für kundenfreundliche Verkäufer: Wie Sie mit einfachen Mitteln den Umsatz steigern und Weiterempfehlungen fördern!

Engel im Schweige-Kloster
Ein psychologisches Märchen für Erwachsene

"Ja, es ist bösartig!": Ein autobiographischer Bericht, wie mich der Krebs in den ersten 101 Tagen komplett aus der Bahn geworfen und wieder neu auf die Gleise gestellt hat._von Joachim von Hein
2,99 €

Veröffentlichungen bei Buch-Verlagen

Personalführung im Handwerk – Praktische Beispiele zur Kundengewinnung durch erfolgreiche Mitarbeitermotivation, (201 S.) Holzmann Verlag Bad Wörishofen, 2001 ISBN 3-7783-0490-9

Mitarbeiter in der Altenhilfe – Motivieren und Führen
Ein praktischer Ratgeber mit 177 Beispielfällen, (302 S.) Bookspot Verlag München 2002 ISBN 3-98088109-3-3

Mitarbeiterführung, in: Das zahnärztliche Praxislabor, Spitta Verlag Balingen 2003 (Aufsätze zus. 100 S.) ISBN: 3932753771

Mitarbeiterauswahl, in: PraxisPower, Spitta Verlag Balingen 2004 ISBN: 3-934211-80-1

Personalmarketing
Organisation und Betriebsführung in der Altenpflege
Elsevier GmbH, Urban & Fischer Verlag, München 2004, 296 Seiten
ISBN-Nr: 3-437-47880-X

Die 40 wichtigsten Formulare für Ihre Personalfragen (Mitautor) Formulare, Checklisten und Verträge für Zahnärzte, 170 Seiten, Spitta Verlag Balingen, 2005

Personalmanagement in der Zahnarztpraxis (Mitautor) Mitarbeiterauswahl und –führung, Verträge und Zeugnisse 2011 im Spitta Verlag Balingen
ISBN: 978-3-941964-74-7

Downloads von über zwanzig Stellenbeschreibungen für die ambulante und die stationäre Altenhilfe / Hauswirtschaft 2006 im Vincentz Fachverlag, Hannover

Auf CD hörbar: (Hierax-Medien) Medienverlag Christian Kohfeldt www.Hoer-CDs.de HIERAX MEDIEN - 26188 Friedrichsfehn - 04486 93 77 64

Auf Spotify hörbar: (Hierax-Medien)
Mitarbeiterführung Gesamtpaket 2007
ISBN-13 978-3-940530-40-0

Mitarbeiterplanung und Personalpolitik
ISBN-13 978-3-940530-30-1
Bewerberauswahl und Zeugnisse
ISBN-13 978-3-940530-31-8
Vorstellungsgespräch und Beurteilung
ISBN-13 978-3-940530-32-5
Einarbeitung und Ausbildung
ISBN-13 978-3-940530-33-2
Mitarbeiterentwicklung und Seminare
ISBN-13 978-3-940530-34-9
Arbeitsvertrag und Personalfragebogen
ISBN-13 978-3-940530-35-6
Motivationsmarketing und Ziele
ISBN-13 978-3-940530-36-3
Materielle und immaterielle Leistungsanreize
ISBN-13 978-3-940530-37-0
Führungsstil und Selbstmanagement
ISBN-13 978-3-940530-38-7
Abmahnung und Kündigung
ISBN-13 978-3-940530-39-4

Stress lass nach – vor Reden
und Prüfungen - 4 CDs
ISBN: 978-940530-49-3

Abnehmen durch Essen, CD
mit Dagmar Berghoff
ISBN978-3-940530-65-3

Veröffentlichungen bei asp GmbH & Co. Berlin,
www.Akademie.de www.akademie.de/de
Kultur-Sponsoring und –Fundraising, für Kulturschaffende,

- Sponsoren finden: Sponsoring und Fundraising für
  Vereine, 2007

- Marketing- und Werbe-Ideen für Handwerker u.
  den Einzelhandel, 2006

- Die Angst vor der Angst: Souverän u. sicher in
  Stress-Situationen, 2006

- Mitarbeiterführung: So entwickeln Sie Ihren
  eigenen Führungsstil, 2008

- Mitarbeiterführung: Materielle und immaterielle
  Leistungsanreize, 2008

- Trumpfkarte Familienfreundlichkeit zur
  Personalgewinnung usw. 2011

- 28 Möglichkeiten, wie Ihr Unternehmen familienfreundlicher wird, 2012

- Sponsoring für Kindergärten, Neue Finanzierungsmöglichkeiten, 2013

Veröffentlichungen im Heragon Verlag Berlin - www.heragon.de
Peter Kenzelmann (GF), Zur alten Börse 59, 12681 Berlin
pro Set: 55 Lernkarten mit jeweils 110 Seiten Text, 6,80
Euro, <u>Sofortwissen kompakt</u>:

Durchstarten im neuen Job, Richtiges Verhalten an den ersten 100 Tagen. ISBN: 978-3-941574-76-2

Kundenorientierung, Erste gute Eindrücke beim Kunden machen. ISBN: 978-3-941574-18-5

Das Vorstellungsgespräch, Gezielte Fragen für Arbeitgeber (und Bewerber) ISBN: 978-3-941574-17-5

Abmahnung und Kündigung
Wertvolle Tipps für
Arbeitgeber.
ISBN: 978-3-941574-20-5

Richtig motivieren
Positive Motivation für ein
gutes Betriebsklima schaffen.
ISBN: 978-3-941574-22-9

Sponsoring
Passende Sponsor für Verein
finden. ISBN: 978-3-941574-
89-2

Inhaltsverzeichnis